I0007923

QUESTÕES:

Prof. Wagner Barros

Fiscal-PB (FCC)

1. O sistema de registro de informações em um computador é o binário. Sendo assim, o número binário 0011011101 corresponde ao decimal
a) 91.
b) 121.
c) 201.
d) 221.
e) 301.

2. O BIOS de um microcomputador é basicamente
a) um sistema de controle de rotinas de entrada e saída.
b) uma memória de massa.
c) Um slot de memória regravável.
d) Um chip de memória de acesso randômico.
e) Um sistema de interface gráfica.

3. Dispositivo físico que tem por função básica apenas interligar os computadores de uma rede local. Recebe dados vindos de um computador e os transmite às outras máquinas. Conhece-se também por concentrador
a) o parser.
b) o hub.
c) o router.
d) a bridge.
e) o gateway.

4. Para conectar diversas sub-redes entre si em uma estrutura de nível mais alto, em uma rede, geralmente é utilizada uma infra-estrutura de alta velocidade definida como
a) SMTP.
b) TCP/IP.
c) OSI.
d) BACKBONE.
e) LINEBOARD.

5. Criptografia simétrica é um método de codificação que utiliza
a) uma chave pública e uma chave privada para encriptar e decodificar a mesma mensagem.
b) duas chaves públicas para encriptar e decodificar a mesma mensagem.
c) uma só chave para encriptar e decodificar a mesma mensagem.
d) duas chaves privadas para encriptar e decodificar a mesma mensagem.
e) Uma chave pública e duas chaves privadas para encriptar e decodificar a mesma mensagem.

6. Considere as características abaixo em relação ao sistema operacional Linux
I. multiusuário e monotarefa;
II. leitura de executáveis sob demanda;
III. memória virtual.

É correto o que se afirma APENAS em
   a) I.
   b) II.
   c) III
   d) I.e II
   e) II e III.

7. A confidencialidade e a autenticidade das mensagens trocadas em uma sessão segura na internet é possibilitada pelo uso
   a) da Common Graphic Interface
   b) do SSL 128 bits
   c) do bloqueador de Pop-ups.
   d) do antivírus.
   e) da firewall.

Fiscal-SP (FCC)

8. Necessitando enviar Mala Direta a contribuintes por meio do MS-Word 2000 em sua configuração padrão e original, um Agente solicita que seja viabilizada a emissão de etiquetas utilizando:
   I. o Catálogo de endereços do Outlook.
   II. o menu Editar, editando e encaminhando a mensagem por meio de sua opção "Enviar para".
   III. um Catálogo particular de endereços.

É acertadamente atendida a solicitação APENAS em
   a) I.
   b) II.
   c) I e III.
   d) I e II.
   e) III.

9. Para equacionar um problema de fixação de valores de células na realização de um cálculo fazendário, ao iniciar a elaboração de uma planilha do Microsoft Excel 2000 o agente insere a fórmula =54 + F$1 na célula D2. Sendo o conteúdo da célula F1 igual a 6 e estando as demais células vazias, ao ser copiado o conteúdo da célula D2 para a célula F2, o resultado apurado na célula F2 é
   a) 54
   b) 56
   c) 58
   d) 60
   e) 66

10. Em um aplicativo processado no ambiente operacional do Microsoft Windows XP, um dos requisitos especificados diz respeito ao armazenamento do conteúdo da memória de um microcomputador no disco rígido que, em seguida, será desligado, permitindo, entretanto, o retorno ao estado anterior. Para atender esse requisito, cuja funcionalidade se insere entre as Propriedades de Opções de energia, deve-se usar a opção de Ativar
   a) Esquemas de energia.
   b) backup.
   c) No-break.
   d) Restauração do sistema.
   e) hibernação.

11. Com objetivo de facilitar e agilizar a implantação de sistemas e processos, foi solicitada à área de TI uma abordagem de desenvolvimento que consiste na repetição de uma série de ciclos durante a vida de um sistema, em que cada ciclo é concluído com uma versão do produto pronta para distribuição. Essa versão é um conjunto relativamente completo e consistente de artefatos, possivelmente incluindo manuais e um módulo executável do sistema, que podem ser distribuídos para usuários internos ou externos. No campo da tecnologia da informação, esta maneira de desenvolver sistemas caracteriza a abordagem
   a) do processo unificado.
   b) da análise funcional.
   c) do modelo cascata.
   d) da engenharia reversa.
   e) da análise essencial.

12. Durante um levantamento de informações contábeis em um estabelecimento comercial, um agente necessita gravar um CD de forma emergencial. Sabendo que esse agente possui uma unidade gravadora de CD externa, e que deseja conectar esse dispositivo em um microcomputador que possui um barramento do tipo universal, ele deverá
   a) utilizar a porta RS-232.
   b) utilizar a porta USB.
   c) conectar o dispositivo a uma porta BBS.
   d) instalar a unidade em um slot de memória disponível.
   e) conectar a unidade na BIOS.

13. É um sistema que, em um microcomputador, executa as funções necessárias para a inicialização do hardware do sistema quando o equipamento é ligado, controla rotinas de entrada e saída e permite ao usuário a modificação de detalhes da configuração do hardware.
   a) EPROM.
   b) DRAM
   c) SLOT
   d) BIOS
   e) BACKBONE

Fiscal-AC (UnB/CESP)

14. Com relação a tecnologias de informação, assinale a opção correta.

a) A intranet é semelhante a um sítio da Web mas usa protocolos totalmente diferentes daqueles usados na Internet.

b) O termo banda larga é comumente usado para designar tecnologias que permitem acesso de alta velocidade à Internet.

c) O comércio eletrônico (e-commerce) pode incluir a compra e venda de produtos e serviços pela Internet. Para acessar os sítios que prestam esse serviço é essencial que o usuário tenha assinatura digital, pois, caso contrário, não é possível a conclusão de transação de compra e(ou) venda.

d) O Internet Explorer permite a navegação e a organização de arquivos e pastas no computador, evitando desperdício de espaço em disco. Esse aplicativo também protege, de forma eficaz, o computador contra infecção por vírus de computador.

15. Atualmente, uma das grandes preocupações das organizações, no que se refere a sistemas de informação, é a segurança. Acerca dos conceitos de sistemas de informação, proteção e segurança da informação, assinale a opção correta.

a) Um filtro de spam (às vezes chamado de filtro de e-mail) ajuda a proteger o computador contra vírus específicos e software mal-intencionado, como worms e cavalos de Tróia, mas não impede o recebimento de mensagens de mala-direta perigosas ou indesejadas.

b) Quando um usuário tem instalado em seu computador um antivírus e o mantém atualizado, não há necessidade de tomar outras providências com relação à segurança, pois esse tipo de software permite uma total proteção do sistema.

c) Um firewall ajuda a tornar o computador invisível para invasores online e alguns programas mal-intencionados, como vírus, worms e cavalos de Tróia. Um firewall também pode ajudar a impedir que software do computador do usuário acesse a Internet e aceite atualizações e modificações sem sua permissão. É importante ter um firewall e um software antivírus ativados antes de se conectar com a Internet.

d) Ao receber um e-mail de um desconhecido com um link para outro sítio, o usuário pode acessá-lo, normalmente, pois os sistemas de segurança corporativos possuem uma alta tecnologia de segurança que inibe qualquer tentativa de envio de vírus ou qualquer tentativa de invasão.

16. Existem muitas maneiras de perder informações em um computador involuntariamente, como em decorrência de queda de energia, relâmpago, inundações, ou simplesmente falha de equipamento. Por isso, é essencial ter cópias de segurança. Acerca desse assunto, assinale a opção incorreta.

a) O Usuário deve fazer cópias de backup dos seus arquivos regularmente e os manter em um local separado, pois, assim, pode obter parcialmente ou totalmente as informações de volta caso algo aconteça aos originais no computador.

b) Existem muitas formas de fazer o backup das suas informações. O backup pode ser feito em hardware, software ou até mesmo mediante um serviço via Web.

c) Um CD-RW é um CD em que podem ser gravadas informações (RW significa regravável). Como muitos computadores novos já vêm com uma unidade de CD-RW interna, uma maneira de fazer backup consiste na utilização desse tipo de mídia.

d) A maioria das pessoas não faz backup por falta de opção de software, pois a compra de aplicativos com esse objetivo é bastante onerosa, o que ocorre devido ao fato de os sistemas operacionais atuais não darem suporte a esse tipo de ferramenta.

17. Para copiar um arquivo da pasta Meus documentos utilizando-se o Windows Explorer, uma opção correta consiste em selecionar esse arquivo e clicar, sucessivamente,
   a) o menu Arquivo, a opção Enviar Para e, finalmente, a opção Disquete 3½ (A:).
   b) o menu Arquivo, a opção Pasta e, finalmente, a opção Disquete 3½ (A:).
   c) a opção Enviar Para, o menu Arquivo e, finalmente, a opção Disquete 3½ (A:).
   d) a opção Novo, a opção Pasta e, finalmente, a opção Disquete 3½ (A:).

Analista Judiciário (TRE)-SP (FCC) #1

18. O número decimal 13 convertido ao sistema básico binário será igual a
   a) 1101.
   b) 0101.
   c) 1011.
   d) 1010.
   e) 1001.

19. Na linguagem da informática, um soquete de conexão para um periférico na placa-mãe de um computador é genericamente conhecido por
   a) SDRAM.
   b) SLOT.
   c) EPROM.
   d) STICK.
   e) BIOS.

20. Para instruir o Windows XP a receber atualizações importantes é necessário acionar o ícone "Atualizações automáticas", original e diretamente localizado no
   a) menu Arquivo do Windows Explorer.
   b) menu Configurar.
   c) Painel de controle.
   d) menu Ferramentas do Internet Explorer.
   e) menu Configurações do Painel de controle.

21. A inversão de letras maiúsculas e minúsculas em um texto selecionado pode ser acionada automaticamente no Word, na sua configuração original e padrão, por intermédio do acesso, em primeira instância, ao menu
   a) Configurar página.
   b) Editar.
   c) Ferramentas.
   d) Exibir.
   e) Formatar.

22. É uma opção direta e originalmente disponível em Opções da Internet no menu Ferramentas do Internet Explorer:
a) Código fonte.
b) Localizar.
c) Tela inteira.
d) Limpar histórico.
e) Configurar página.

Fiscal-MG (FUNDEP)

23. Numere a coluna II de acordo com a coluna I, associando corretamente os elementos de um sistema de computação às suas principais funções:

(1)Seção aritmética e lógica   (__) Enviar dados para processamento
(2)Seção de controle   (__) Controlar fluxo de dados
(3)Memória principal   (__) Receber dados para processamento
(4)Unidade de Entrada   (__) Armazenar instruções e Dados

Assinale a alternativa que representa a seqüência de números CORRETA
a) (1) (2) (4) (3)
b) (2) (4) (3) (1)
c) (3) (1) (2) (4)
d) (4) (2) (1) (3)

24. Assinale a alternativa que apresenta uma afirmação INCORRETA sobre memória virtual.
a) Aloca espaços da memória por meio da técnica de paginação.
b) Aloca espaços da memória por meio da técnica de segmentação.
c) Aumenta a velocidade do processador, pois identifica os endereços mais solicitados.
d) Cria um espaço de endereços para a memória principal maior que o espaço real de endereços.

25. Assinale estas afirmativas concernentes aos gerenciadores de banco de dados:
I. Reduzem a duplicação de dados.
II. Permitem consultas de usuários sem que seja preciso codificar um programa.
III. Facilitam o desenvolvimento de banco de dados, independente de tamanho ou complexidade.

A partir dessa análise, pode-se concluir que
a) apenas as afirmativas I e II estão corretas
b) apenas as afirmativas I e III estão corretas
c) apenas as afirmativas II e III estão corretas
d) as três afirmativas estão corretas

26. Analise estas afirmativas concernentes às funções básicas dos sistemas operacionais:
I. Fornecer interface amigável com o usuário.
II. Gerenciar o uso de recursos do hardware.
III. Gerenciar a realização de tarefas.

a) apenas as afirmativas I e II estão corretas.
b) apenas as afirmativas I e III estão corretas.
c) apenas as afirmativas II e III estão corretas.
d) As três alternativas estão corretas.

27. Analise estas afirmativas referentes às características das Intranets:
 I. Usam um servidor Web que se conecta apenas com uma rede local.
 II. Não podem ser conectadas à internet.
 III. São uma rede interna que usa ferramentas e padrões da internet.
    a) apenas as afirmativas I e II estão corretas.
    b) apenas as afirmativas I e III estão corretas.
    c) apenas as afirmativas II e III estão corretas.
    d) As três alternativas estão corretas.

ICMS-RS (FAURGS)

28. Um programa visualizador de páginas na Internet (browser), tipo Internet Explorer ou similar, tem um comando chamado Localizar, Procurar ou Buscar (em geral o atalho é CTRL F). Com este comando
 A) é possível localizar um trecho dentro de qualquer página disponível na Internet a partir de uma palavra ou texto.
 B) é possível localizar um trecho dentro da página que está carregada pelo browser a partir de uma única palavra.
 C) é acionado um programa de busca como o Google ou similar, que pode ser escolhido pelo usuário.
 D) é acionada pelo próprio browser uma busca em qualquer página disponível na Internet.
 E) é possível localizar um trecho na página que está carregada pelo browser a partir de uma ou mais palavras.

29. Nos microcomputadores atuais, tem-se um recurso que permite ao sistema operacional gerenciar e executar uma quantidade de programas que ocupa um espaço maior do que a capacidade de memória física instalada. Esse recurso chama-se
 A) memória cache.
 B) memória virtual.
 C) memória DRAM.
 D) memória EEPROM.
 E) memória flash.

30. Uma das principais preocupações dos usuários de computadores que utilizam redes com acesso à Internet é a segurança dos dados. Assinale a alternativa que contém apenas componentes ligados à segurança dos dados.
 A) programa antivírus, compactação de dados e firewall
 B) programa antivírus, compactação de dados e criptografia de dados
 C) criptografia de dados, fire wire e firewall
 D) programa antivírus, firewall e criptografia de dados
 E) firewall, USB e compactação de dados

31. Em uma arquitetura de microcomputador, qual o caminho de passagem dos dados para o seu processamento, considerando que eles provenham de um disco rígido?
A) UCP —> dispositivo de saída —> memória
B) UCP —> memória —> UCP —> dispositivo de saída
C) memória —> disp. de saída —> memória —> UCP
D) dispositivo de saída —> UCP —> memória
E) dispositivo de saída —> memória —> UCP

32. Qual das tecnologias abaixo pode ser utilizada para implantação de uma extranet?
A) Correio Eletrônico.
B) SGBD.
C) VPN.
D) FTP.
E) DNS.

33. Para o acesso à Internet, qual o recurso que, quando utilizado, garante que a passagem dos dados seja realizada através de um ponto único e que as páginas acessadas pelos usuários possam ser registradas?
A) Túnel VPN.
B) Cache Web.
C) Anti-Spam.
D) Filtro de conteúdo.
E) Proxy.

AFT (ESAF)

34. Analise as seguintes afirmações relacionadas a conceitos básicos sobre hardware, software e Sistema Operacional Windows 2000.
I. O USB (Universal Serial Bus) é um barramento que dá suporte à instalação Plug and Play. Usando o USB pode-se conectar e desconectar dispositivos sem desligar ou reiniciar o computador. É possível usar uma única porta USB para conectar vários dispositivos periféricos.
II. Um Driver de Dispositivo é um programa que permite que um dispositivo, como uma placa de rede, se comunique com o Sistema Operacional. Para os dispositivos ativados no Sistema Operacional, os drivers de dispositivo são carregados automaticamente quando o computador é inicializado.
III. A memória em um computador é organizada em uma hierarquia que, considerando-se o tempo de acesso da mais rápida para a mais lenta, é ordenada como: Memória principal; Registradores; Cache; Armazenamento secundário em discos rígidos (HD); Armazenamento secundário em unidades de rede compartilhadas; Armazenamento secundário que utilizam acesso USB; Armazenamento secundário em CD-ROM e Armazenamento off-line (fitas).
IV. Com relação à memória de acesso aleatório (Random Access Memory – RAM), o termo "aleatório" significa que o processador, ao buscar um dado, deve varrer aleatoriamente todas as células de memória existentes no computador, até encontrar o dado desejado.

Indique a opção que contenha as afirmações verdadeiras.
a) II e IV
b) II e III
c) III e IV
d) I e III
e) I e II

35. Analise as seguintes afirmações relacionadas a conceitos básicos sobre Sistema Operacional Windows 2000 e Segurança da Informação.

I. No sistema operacional Windows, versão que permite configurações de cotas de disco, ao se selecionar a opção "Negar espaço em disco para usuários excedendo o limite de cota", os usuários que excederem seus limites de cota receberão uma mensagem informando que o limite do espaço em disco será excedido, mas poderão gravar dados adicionais no volume. O espaço será negado somente quando o usuário efetuar novo logon. Neste caso, o servidor enviará uma mensagem solicitando ao usuário que exclua ou remova alguns arquivos existentes no mesmo.

II. É possível definir permissões de arquivo e pasta apenas nas unidades formatadas para usar o NTFS.

III. O tamanho padrão do arquivo de paginação da memória virtual pagefile.sys criado durante a instalação do Sistema Operacional tem 1,5 vezes a quantidade de RAM instalada no computador. É possível otimizar o uso da memória virtual dividindo o espaço entre várias unidades e especialmente removendo-a de unidades mais lentas ou muito acessadas.

IV. Um backup diário é aquele que copia somente os arquivos alterados desde o último backup incremental e marca os arquivos como tendo sofrido backup.

Indique a opção que contenha as afirmações verdadeiras.
a) I e II
b) I e III
c) II e III
d) III e IV
e) II e IV

36. Analise as seguintes afirmações relacionadas a conceitos de Software Livre e Conceitos básicos de Internet, Intranet e Extranet.

I. A exemplo do Linux, um software é denominado livre, quando é possível usá-lo sem precisar pagar. Nesse tipo de software, não se tem acesso ao seu código-fonte, não sendo possível alterá-lo ou simplesmente estudá-lo. Somente pode-se usá-lo, da forma como ele foi disponibilizado.

II. A linguagem padrão para a programação de sites na Web que possibilita que todas as ferramentas de navegação da Web exibam o conteúdo do site é conhecida como HTML.

III. O componente de uma rede que utiliza endereços IP de origem e de destino, e portas UDP e TCP para tomar decisões de controle de acesso, é o Servidor DNS.

IV. Os protocolos SMTP, POP e IMAP são utilizados por servidores de e-mail para permitir troca de informações entre cliente e servidor.

Indique a opção que contenha as afirmações verdadeiras.
a) I e II
b) II e III
c) III e IV
d) II e IV
e) I e III

37. Analise as seguintes afirmações relacionadas a conceitos básicos de Internet, protocolos TCP/IP e Segurança da Informação.

I. A assinatura digital é o processo de manter mensagens e dados em segurança, permitindo e assegurando a confidencialidade. Quando utilizam apenas chaves privadas, as assinaturas digitais são usadas para fornecer serviços de integridade de dados, autenticação e não repúdio.

II. Um algoritmo de criptografia simétrica requer que uma chave secreta seja usada na criptografia e uma chave pública diferente e complementar da secreta, utilizada no processo anterior, seja utilizada na decriptografia. Devido à sua baixa velocidade, a criptografia simétrica é usada quando o emissor de uma mensagem precisa criptografar pequenas quantidades de dados. A criptografia simétrica também é chamada criptografia de chave pública.

III. Na Internet, O UDP (User Datagram Protocol) é um protocolo de transporte que presta um serviço de comunicação não orientado a conexão e sem garantia de entrega. Portanto, as aplicações que utilizam este tipo de protocolo devem ser as responsáveis pela recuperação dos dados perdidos.

IV. Os servidores de diretório responsáveis por prover informações como nomes e endereços das máquinas são normalmente chamados servidores de nomes. Na Internet, os serviços de nomes usado é o Domain Name System (DNS). O DNS apresenta uma arquitetura cliente/servidor, podendo envolver vários servidores DNS na resposta a uma consulta.

Indique a opção que contenha as afirmações verdadeiras.
a) I e II
b) III e IV
c) II e III
d) I e III
e) II e IV

AFRF (ESAF)

38. Analise as seguintes afirmações relativas a sistemas de armazenamento:

I. O acesso aos registradores é mais rápido que o acesso à memória cache.

II. O tempo de acesso à memória RAM e aos discos magnéticos é praticamente o mesmo.

III. As unidades de fita DAT são muito utilizadas para efetuar cópias de segurança.

IV. Quando um disco magnético é utilizado como memória virtual, o tempo de acesso é inferior ao da memória cache.

Indique a opção que contenha as afirmações verdadeiras.
a) I e II
b) II e III
c) III e IV
d) I e III
e) II e IV

39. Um arquivo batch (lote) com extensão ".bat" contém
a) um programa em linguagem de máquina pronto para executar.
b) comandos para o sistema operacional em formato ASCII.
c) uma biblioteca de rotinas.
d) dados em linguagem de máquina, sem link edição.
e) um código fonte utilizado por várias linguagens e sistemas operacionais.

40. Analise as seguintes afirmações relativas à arquitetura de computadores:
I. A memória virtual é dividida em páginas, que são relativamente grandes quando comparadas com os blocos de memória cache.
II. A arquitetura Intel 80x86, que atualmente está presente na maioria dos microcomputadores domésticos, tem suas raízes no microcomputador 8086. Só foi possível manter esta compatibilidade devido à arquitetura RISC destes processadores.
III. O registrador pode ser visto como uma memória pequena e rápida, separada da memória do sistema, que é usada para armazenamento temporário durante o processamento.
IV. O ISA é um padrão de barramento de 64 bits.

Indique a opção que contenha as afirmações verdadeiras.
a) I e III
b) II e III
c) III e IV
d) I e II
e) II e IV

41. Uma das atividades do sistema operacional em relação à gerência de memória é
a) fornecer mecanismos para a sincronização de processos.
b) mapear arquivos no armazenamento secundário.
c) suspender e retomar processos.
d) fornecer mecanismos para a comunicação de processos.
e) decidir que processos deverão ser carregados na memória quando houver espaço disponível.

42. Um processo pode ser definido como
a) a memória disponível para execução de um programa.
b) a memória utilizada durante a execução de um programa.
c) a memória compartilhada entre dois ou mais programas.
d) um programa em execução.
e) as chamadas ao sistema.

43. O estado de um processo é definido, em parte, pela sua atividade presente. Quando o processo está esperando para ser atribuído a um processador, ele se encontra em um estado denominado

   a) de espera.
   b) de execução.
   c) pronto.
   d) novo.
   e) encerrado.

44. Analise as seguintes afirmações relativas a sistemas operacionais distribuídos:

   I. Um sistema distribuído pode ser definido como uma coleção de processadores fracamente acoplados, interconectados por uma rede de comunicação.

   II. Um sistema distribuído pode ser definido como uma coleção de processadores que não compartilham memória nem relógio.

   III. Um sistema distribuído pode ser definido pela capacidade que um único processador tem para distribuir várias tarefas simultaneamente.

   IV. Em um sistema operacional distribuído os usuários só podem acessar recursos locais.

Indique a opção que contenha as afirmações verdadeiras.

   a) I e II
   b) II e III
   c) III e IV
   d) I e III
   e) II e IV

45. Quando dois processos A e B não concluem as suas execuções porque o processo A depende do término do processo B que, por sua vez, depende da conclusão do processo A, tem-se uma situação denominada

   a) deadlock.
   b) compartilhamento de recursos.
   c) pipeline.
   d) state wait.
   e) interrupção de CPU.

46. Analise as seguintes afirmações relativas à arquitetura TCP/IP, protocolos e serviços de Internet:

   I. O DNS é um esquema de gerenciamento de nomes, hierárquico e distribuído.

   II. O FTP é o protocolo usado no sistema de correio eletrônico na arquitetura TCP/IP.

   III. O HTTP é o protocolo usado para transferência de informações na WWW.

   IV. O principal objetivo do protocolo Telnet é impedir que um usuário, utilizando uma máquina A, estabeleça uma sessão com uma máquina B na rede.

Indique a opção que contenha as afirmações verdadeiras.

   a) I e II
   b) I e III
   c) III e IV

d) II e III
e) II e IV

47. O componente de rede que tem como objetivo manter o tráfego indesejado e não autorizado de uma rede desprotegida, como a Internet, fora de uma rede privada, como uma LAN, é o
a) HUB.
b) Repetidor.
c) Firewall.
d) Modem.
e) Servidor DNS.

48. Analise as seguintes afirmações relativas à segurança nas plataformas Windows NT e Windows 2000:
   I. O Kerberos do Windows 2000 é proprietário e incompatível com redes não-Microsoft.
   II. O Kerberos é um protocolo de criptografia de chave privada.
   III. Os protocolos de segurança Kerberos e NTLM são compatíveis com o Windows 95, Windows 98, Windows NT e Windows 2000.
   IV. Os protocolos SSL/TLS são protocolos de segurança, baseados em chave pública, usados pelos servidores e navegadores da Web para autenticação mútua, integridade das mensagens e confidencialidade.

Indique a opção que contenha as afirmações verdadeiras.
   a) I e II
   b) II e III
   c) III e IV
   d) I e III
   e) II e IV

49. Analise as afirmações relativas à administração e gerência de redes de computadores:
   I. O mecanismo que permite a realização de auditorias de segurança é o registro de eventos.
   II. O Cavalo de Tróia não pode ser caracterizado como um ataque.
   III. Um ataque é uma ameaça intencional concretizada.
   IV. Um mecanismo muito usado na prática para aumentar a segurança de redes ligadas à Internet é o DHCP.

Indique a opção que contenha as afirmações verdadeiras.
   a) I e II
   b) II e III
   c) III e IV
   d) I e III
   e) II e IV

50. O sistema tolerante a falhas, cujos dados e paridades são distribuídos ao longo de três ou mais discos físicos, é denominado

a) espelhamento.
b) RAID-5.
c) RAID-1.
d) backUp incremental.
e) backUp diferencial.

AF - Fortaleza (ESAF)

51. O administrador de uma Intranet tentou acessar, utilizando um navegador em sua Intranet, o site www.estaprova.com.br e não obteve sucesso. Investigando as causas deste fato utilizou o comando Ping para o mesmo endereço e obteve como resposta a seguinte mensagem: "Host desconhecido www.estaprova.com.br"
Repetiu o comando Ping, só que desta vez substituiu o endereço www.estaprova.com.br pelo endereço IP correspondente, neste caso, 192.168.122.1. Nesta tentativa obteve resposta e, ao final da mesma constava a seguinte informação:
    Estatísticas do Ping para 192.168.122.1:
    Pacotes: Enviados = 4, Recebidos = 4, Perdidos = 0 (0% de perda)
    Tempos aproximados de ida e volta em milissegundos:
    Mínimo = 31ms, Máximo = 47ms, Média = 43ms

A causa provável da impossibilidade de acesso na tentativa inicial foi que
a) a máquina que hospeda o site www.estaprova.com.br está desligada e a resposta ao Ping foi dada pelo roteador mais próximo a esta máquina.
b) a máquina que hospeda o site www.estaprova.com.br está desligada e a resposta ao Ping foi dada pelo servidor DNS que atende à Intranet.
c) o servidor DNS que atende à máquina que o Administrador está utilizando não consegue resolver o número IP para endereço www.estaprova.com.br.
d) o servidor HTTP que atende à Intranet não consegue resolver o número IP para endereço www.estaprova.com.br.
e) houve um problema de congestionamento na Intranet e o servidor que hospeda o site www.estaprova.com.br não conseguiu responder à solicitação em tempo hábil.

52. Analise as seguintes afirmações relativas a Sistemas Operacionais:
I. Os arquivos são mapeados pelo Sistema Operacional em dispositivos lógicos. Estes dispositivos de armazenamento geralmente são voláteis, de modo que seu conteúdo desaparece no caso de reinicialização do sistema.
II. Um arquivo é criado em duas etapas: primeiro deve haver espaço no sistema de arquivos para o arquivo. Em segundo lugar, uma entrada para o novo arquivo deve ser feita no diretório. A entrada no diretório registra o nome do arquivo e sua localização no sistema de arquivos.
III. Existem várias formas para acessar as informações de um arquivo. A mais simples delas é o acesso seqüencial. Neste caso, as informações são processadas, um registro após o outro.
IV. Um arquivo Objeto é uma seqüência de caracteres organizados em linha e, possivelmente, em páginas, que o carregador do Sistema Operacional pode levar para a memória e executar.

Indique a opção que contenha as afirmações verdadeiras.
a) I e II
b) II e III
c) III e IV
d) I e III
e) I, III e IV

53. **Para um SGBD que utiliza a linguagem SQL, é correto afirmar que**
a) uma TRANSACTION só será concluída quando encontrar a instrução ROLLBACK TRANSACTION.
b) dentro de uma mesma TRANSACTION não poderão ser utilizados os comandos COMMIT e ROLLBACK mesmo dentro de uma estrutura condicional.
c) a instrução COMMIT TRANSACTION cancela todas as operações feitas desde o comando START TRANSACTION.
d) uma TRANSACTION será concluída ao encontrar a instrução COMMIT TRANSACTION.
e) Quando duas TRANSACTIONs estiverem sendo executadas simultaneamente, as duas devem se comunicar e trocar informações entre si, antes de acessarem o banco de dados.

54. **Como os discos magnéticos às vezes falham, deve-se tomar certas medidas para evitar a perda de dados. Para isso, pode-se usar programas para fazer backup dos dados do disco para outro dispositivo de armazenamento. Com relação aos tipos de backup, é correto afirmar que**
a) para uma empresa que utiliza um ciclo de backup composto por sete backups, um para cada dia da semana, é conveniente que pelo menos em um dos dias se faça um backup completo, podendo nos outros seis fazer backups incrementais.
b) o backup incremental é a forma mais segura de se trabalhar pois apenas com o último backup incremental pode-se recuperar todos os dados de uma máquina.
c) em uma série de backups incremantais, a união do primeiro backup incremental com o último backup incremental forma o equivalente a um backup completo.
d) um backup completo copia todo o conteúdo do disco, além de todo o conteúdo da memória RAM do computador, no momento da cópia.
e) um backup incremental copia apenas os arquivos lidos e criados desde o último backup completo, desconsiderando a data do último backup incremental.

AFRF (2) (ESAF)

55. **Analise as afirmações relacionadas aos conceitos básicos de hardware e software:**
I. O barramento PCI de 64 vias, também conhecido como "PCI 64", suporta 64 bits para dados e pode operar a 33 MHz ou 66 MHz. Fisicamente, diferencia-se do barramento PCI tradicional por um "chanfro" delimitador. Outra diferença é que o PCI 64 não dispõe de tecnologia plug-and-play.
II. O barramento AGP é uma interface que permite a comunicação direta do adaptador de vídeo com a memória RAM. Para estes adaptadores de vídeo, o processo de armazenamento de dados de texturas utiliza a memória RAM.
III. Para o caso de um monitor de vídeo, a tecnologia plug-and-play serve para agilizar a

sua configuração. O protocolo conhecido como "DDC" permite ajustar a taxa de atualização, que corresponde ao número de vezes por segundo em que a imagem é renovada. Baixas taxas de atualização podem provocar desconforto visual para os usuários.

IV. Para um conjunto formado por um monitor e um adaptador de vídeo, a memória de vídeo e a resolução são diretamente proporcionais ao número máximo de cores que podem ser apresentadas. Para uma mesma memória, quanto maior a resolução, maior será o número máximo de cores que o adaptador poderá produzir.

Indique a opção que contenha as afirmações verdadeiras.

a) I e II
b) II e III
c) III e IV
d) I e III
e) II e IV

56. Em um sistema operacional, o kernel é

a) um computador central, usando um sistema operacional de rede, que assume o papel de servidor de acesso para os usuários da rede.

b) a técnica usada para permitir que um usuário dê instruções para a máquina, usando instruções gráficas.

c) o processo de intervenção do sistema operacional durante a execução de um programa. Tem como utilidade desviar o fluxo de execução de um sistema para uma rotina especial de tratamento.

d) o núcleo do sistema, responsável pela administração dos recursos do computador, dividindo-os entre os vários processos que os requisitam. No caso do Linux, o Kernel é aberto, o que permite sua alteração por parte dos usuários.

e) um pedido de atenção e de serviço feito à CPU.

57. Em relação aos recursos do Painel de Controle do Windows é correto afirmar que

a) a opção Vídeo exibe as propriedades de vídeo e permite alterar a resolução da tela.

b) para saber a identificação de um computador na rede deve-se usar o recurso Opções de acessibilidade.

c) para configurar uma rede doméstica ou conectar-se à Internet deve-se utilizar o recurso Adicionar ou remover programas.

d) a inversão das funções dos botões direito e esquerdo do mouse é feita por meio do recurso Opções de acessibilidade.

e) a solução de problemas que possam estar ocorrendo no hardware pode ser feita por meio do recurso Soluções de hardware.

58. Analise as seguintes afirmações relacionadas aos conceitos básicos de Segurança da Informação:

I. O IP spoofing é uma técnica na qual o endereço real do atacante é mascarado, de forma a evitar que ele seja encontrado. É normalmente utilizada em ataques a sistemas que utilizam endereços IP como base para autenticação.

II. O NAT, componente mais eficaz para se estabelecer a segurança em uma rede, é uma rede auxiliar que fica entre a rede interna, que deve ser protegida, e a rede externa, normalmente a Internet, fonte de ataques.

III. O SYN flooding é um ataque do tipo DoS, que consiste em explorar mecanismos de conexões TCP, prejudicando as conexões de usuários legítimos.

IV. Os Bastion host são equipamentos que atuam com proxies ou gateways entre duas redes, permitindo que as requisições de usuários externos cheguem à rede interna.

Indique a opção que contenha as afirmações verdadeiras.

a) I e II
b) II e III
c) III e IV
d) I e III
e) II e IV

59. Analise as seguintes afirmações relacionadas à segurança na Internet:

I. Um IDS é um sistema de segurança que tem como principal objetivo bloquear todo o tráfego, que utilize o protocolo http, aos servidores WWW de uma corporação.

II. Uma VPN é formada pelo conjunto de tunelamento que permite a utilização de uma rede pública para o tráfego de informações e, com o auxílio da criptografia, permite um bom nível de segurança para as informações que trafegam por essa conexão.

III. Configurando um firewall, instalado entre uma rede interna e a Internet, para bloquear todo o tráfego para os protocolos HTTP, SMTP, POP e POP3, os usuários da referida rede interna terão acesso à Internet, com um nível de segurança aceitável, a sites como os de bancos, servidores de e-mail e de entidades que utilizem sites seguros.

IV. O firewall é um programa que tem como objetivo proteger uma rede contra acessos e tráfego indesejado, proteger serviços e bloquear a passagem de conexões indesejáveis, como por exemplo, aquelas vindas da Internet com o objetivo de acessar dados corporativos ou seus dados pessoais.

Indique a opção que contenha as afirmações verdadeiras.

a) I e II
b) II e III
c) III e IV
d) I e III
e) II e IV

60. Analise as seguintes afirmações relacionadas aos conceitos básicos de redes de computadores, seus componentes, protocolos, topologias e servidores:

I. No modelo OSI, a camada de aplicação é responsável pelo endereçamento dos pacotes, convertendo endereços lógicos em endereços físicos, de forma que os pacotes consigam chegar corretamente ao destino. Essa camada permite que duas aplicações em computadores diferentes estabeleçam uma sessão de comunicação. Nesta sessão, essas aplicações definem como será feita a transmissão de dados e coloca marcações nos dados que estão sendo transmitidos.

II. O SMTP permite que um usuário, utilizando uma máquina A, estabeleça uma sessão interativa com uma máquina B na rede. A partir desta sessão, todas as teclas pressionadas na máquina A são repassadas para a máquina B como se o usuário tivesse um terminal ligado diretamente a ela.

III. O DNS é particularmente importante para o sistema de correio eletrônico. Nele são definidos registros que identificam a máquina que manipula as correspondências relativas a um determinado domínio.

IV. O FTP permite que um usuário em um computador transfira, renomeie ou remova arquivos remotos.

Indique a opção que contenha as afirmações verdadeiras.

a) I e II
b) II e III
c) III e IV
d) I e III
e) II e IV

61. Analise as seguintes afirmações relacionadas aos conceitos básicos de redes de computadores, seus componentes, protocolos, topologias e servidores:

I. Cabos de rede crossover têm seus pinos de transmissão e de recepção invertidos e são normalmente utilizados para conectar certos tipos de dispositivos de rede, como, por exemplo, hubs. Também podem ser utilizados para conectar diretamente os adaptadores de rede de duas máquinas.

II. O SSL é um protocolo de segurança que protege transações na Internet.

III. Os servidores de correios eletrônicos hospedados em DMZs utilizam o protocolo Bluetooth para a autenticação de usuários, garantindo, para os demais usuários, que cada um é quem diz ser.

IV. As redes sem fio de longo alcance, isto é, distâncias superiores a 250 metros, utilizam a tecnologia bluetooth para garantir o transporte seguro entre seus componentes.

Indique a opção que contenha as afirmações verdadeiras.

a) I e II
b) II e III
c) III e IV
d) I e III
e) II e IV

AFT (2) (ESAF)

62. O adaptador de vídeo tem uma memória que é utilizada pelo processador para escrever os dados que devem ser mostrados no monitor. Alguns parâmetros devem ser analisados no momento da escolha do monitor e do adaptador de vídeo. Com relação a estes parâmetros, é correto afirmar que

a) o adaptador de vídeo tem uma memória que é utilizada pelo processador para escrever os dados que devem ser mostrados no monitor. Estes dados ainda não estão prontos para serem enviados ao emissor de elétrons do monitor e são tratados antes de serem mostrados no vídeo.

b) um adaptador de vídeo é constituído tipicamente de uma única parte, denominada driver, que é o programa que, além de conter os parâmetros necessários para um perfeito funcionamento do adaptador, viabiliza uma correta comunicação entre o adaptador e a CPU.

c) monitores com maior dot pitch têm uma melhor definição da imagem que monitores com menor dot pitch.

d) no que se refere a imagens, o papel do adaptador de vídeo é manipular dados, gerar informações que definem uma imagem e enviar dados relativos a esta imagem a uma interface capaz de gerar imagens. Esta interface é o tubo de imagens do monitor.

e) monitores que trabalham no modo entrelaçado apresentam uma qualidade de imagem muito superior àqueles que usam o modo Não-Entrelaçado (NE).

63. Analise as seguintes afirmações relacionadas a processamento de dados, hardware, software e periféricos.

I. O barramento AGP (Accelerated Graphics Port) é um padrão de barramento desenvolvido pela Intel e trata-se de um slot à parte, sem qualquer envolvimento com os slots PCI e ISA, para ser utilizado por placas de vídeo 3D.

II. Para adaptadores de vídeo que utilizam o slot PCI, as texturas e o elemento z são armazenados diretamente na memória RAM do micro.

III. Adaptadores de vídeo que utilizam o slot PCI oferecem uma taxa de transferência típica de 132 MB/s. Esta taxa é lenta para aplicações gráficas 3D.

IV. Para adaptadores de vídeo que utilizam o slot PCI, o desempenho é aumentado consideravelmente, pois o processador e o adaptador conseguem acessar a memória RAM a uma taxa de transferência altíssima.

Indique a opção que contenha as afirmações verdadeiras.

a) I e II
b) II e III
c) III e IV
d) I e III
e) II e IV

64. Analise as seguintes afirmações relacionadas a processamento de dados, hardware, software e periféricos.

I. A memória DDR usa circuitos de sincronização que aumentam a sua velocidade. A memória DDR é, basicamente, duas vezes mais rápida que a SDRAM, sem aumentar a velocidade nominal em MHz.

II. A cache é uma memória intermediária, com a mesma velocidade que a RAM, que é utilizada para mediar a troca de dados entre o processador e a memória RAM.

III. Uma fonte padrão ATX contém um controle eletrônico, é utilizada em placas-mãe apropriadas e permite que seja ligada com hora marcada, possibilitando ainda que seja ligada ao receber um sinal externo, como uma chamada telefônica ou um sinal de rede.

IV. A memória EDO é aproximadamente 50% mais rápida que a SDRAM, com ganhos reais ao redor de 25%.

Indique a opção que contenha as afirmações verdadeiras.
a) I e II
b) II e III
c) I e III
d) III e IV
e) II e IV

65. Em alguns casos o Sistema Operacional LINUX, na sua configuração padrão, é uma alternativa ao uso do Sistema Operacional Windows. Ele possui, entre outras características, aquelas que um UNIX moderno tem, como, por exemplo,
a) multitarefa, memória virtual, biblioteca compartilhada, gerenciamento de memória próprio e rede TCP/IP.
b) servidor IIS capaz de hospedar e executar páginas ASP.
c) sistema de arquivo NTFS, FAT e FAT 32.
d) o Active Directory.
e) servidores DNS e WINS.

66. Analise as afirmações relativas à liberdade dos usuários de um Software livre.
I. A liberdade de estudar como o programa funciona, e adaptá-lo para as suas necessidades, exceto alteração no código-fonte.
II. A liberdade de executar o programa, para qualquer propósito.
III. A liberdade de utilizar cópias de modo que se possa ajudar outros usuários, sendo vedada a redistribuição.
IV. Aquele que redistribuir um software GNU poderá cobrar pelo ato de transferir uma cópia ou poderá distribuí-las gratuitamente.

Indique a opção que contenha as afirmações verdadeiras.
a) I e II
b) II e III
c) III e IV
d) I e III
e) II e IV

67. Os protocolos que formam o conjunto TCP/IP são utilizados para atender uma série de serviços na Internet e em uma Intranet. Com relação aos protocolos que formam o conjunto TCP/IP, é correto afirmar que
a) um servidor DNS utiliza o protocolo SMTP para resolver nomes de URLs na Internet e em Intranets.
b) o protocolo SNMP é utilizado por servidores de e-mail para estabelecer a comunicação com as máquinas clientes no momento do envio de e-mails.
c) Servidores WWW utilizam o protocolo ASP e HTML para estabelecer a comunicação entre clientes e servidores.
d) o protocolo POP utiliza o UDP para o transporte de mensagens entre estações e servidores.
e) entre os recursos do IMAP pode-se destacar a recuperação seletiva de partes de mensagens ou mensagens inteiras.

68. O Ping da Morte (Ping of Death) é um recurso utilizado por pessoas mal intencionadas, que consiste

a) no envio de pacotes TCP/IP de tamanho inválidos para servidores, levando-os ao travamento ou ao impedimento de trabalho.

b) na impossibilidade de identificação do número de IP de máquina conectada à rede. Desta forma, muitos dos serviços de segurança disponíveis deixam de funcionar, incluindo os "rastreamentos" que permitem a identificação de segurança das fontes de origem de ataques.

c) em instalar em um computador conectado a uma rede um programa cliente que permite a um programa servidor utilizar esta máquina sem restrições.

d) no mecanismo de "abertura" de portas e acha-se atualmente incorporado em diversos ataques de vírus.

e) na captura e alteração de "pacotes" TCP/IP transmitidos pelas redes.

69. A manutenção da segurança da informação e serviços de tecnologia da informação é responsabilidade dos profissionais de suporte e auditores de sistemas, que têm como prioridade de suas ações a garantia de funcionamento de sistemas da informação. Com relação à segurança da informação, é correto afirmar que

a) apenas o tráfego autorizado, tal como definido pela política de segurança da empresa, deve ser permitido chegar ao Firewall.

b) um Firewall, quando configurado de forma a "o que não for explicitamente proibido, é permitido", impede o sucesso de novos ataques que utilizam tecnologias ou métodos até então desconhecidos.

c) um Firewall, quando configurado corretamente, promove a segurança de uma rede controlando o tráfego baseado em origem e destino, desconsiderando o protocolo utilizado pelo pacote protocolo.

d) um Firewall é um sistema que permite o controle de tráfego entre duas ou mais redes.

e) um Firewall, quando configurado corretamente, não consegue realizar conversão de endereço via NAT.

70. Os índices de busca estrangeiros trabalham com expressões booleanas, que são regras de pesquisa com os termos AND, OR e NOT, digitados entre espaços no meio de duas palavras-chave. Considere um site de pesquisa estrangeiro que só aceita estas três expressões booleanas. Seguindo as regras de utilização destas três expressões e, considerando que uma delas foi digitada entre espaços no meio de duas palavras-chave diferentes, é correto que

a) quando o termo digitado for AND, a pesquisa traz, além dos resultados que contêm ambas as palavras-chave, os resultados que contêm pelo menos uma delas.

b) quando o termo digitado for OR, a pesquisa traz apenas os resultados que contêm uma e somente uma das palavras-chave digitadas.

c) quando o termo digitado for NOT, a pesquisa traz apenas os resultados que contêm a primeira das palavras-chave sem a ocorrência da segunda palavra-chave.

d) quando o termo digitado for NOT, a pesquisa traz, além dos resultados que contêm ambas as palavras-chave, os resultados que contêm pelo menos uma delas.

a) não existe diferença no resultado da pesquisa quando se digita qualquer uma das três expressões booleanas.

AFRE-MG (ESAF)

71. Analise as afirmações relacionadas a conceitos básicos sobre Internet/Intranet.

I. A maioria dos gerenciadores de correio eletrônico instalados nas máquinas dos usuários podem ser configurados de tal forma que as mensagens são transferidas do servidor de correio eletrônico para o disco rígido na máquina do usuário e, em seguida, são removidas do servidor, mesmo que o usuário não as remova de sua própria máquina.

II. Os Plug-ins são programas auxiliares usados pelos computadores pessoais para permitirem conexões de alta velocidade com a Internet. Normalmente esses programas estão associados à transferência de arquivos muito grandes, tais como jogos, sons, vídeos e imagens.

III. Uma Intranet é uma rede privada interna baseada na tecnologia da Internet.

IV. URL são recursos da Internet para procurar diretórios FTP em busca de arquivos sobre um determinado assunto utilizando-se palavras-chave.

Indique a opção que contenha as afirmações verdadeiras.
a) I e II
b) II e III
c) III e IV
d) I e III
e) II e IV

72. O conjunto de protocolos utilizados pela Internet permite a interconexão de diferentes redes para a transmissão de pacotes de dados. Com relação a esses protocolos e serviços a eles relacionados é correto afirmar que
a) Dial-up é um termo utilizado na Internet para designar o ato de copiar arquivos de um computador remoto para a máquina do usuário, via FTP.
b) um servidor Gateway na Internet oferece um serviço de busca que, a partir de uma palavra chave, localiza a informação desejada em uma grande base de dados, normalmente hospedada em outro servidor na Internet.
c) os dados transferidos pelo protocolo HTML podem conter apenas texto.
d) os dados transferidos pelo protocolo HTTP podem conter texto, áudio ou imagens.
e) os Cookies são vírus muito utilizados para rastrear e manter as preferências de um usuário ao navegar pela Internet.

73. Analise as seguintes afirmações relativas a conceitos de protocolos e acesso à Internet.

I. Um computador que não tenha o protocolo TCP/IP instalado só poderá acessar a Internet através de um modem com uma linha discada.

II. Na Internet, o protocolo de aplicação FTP é o mais popular para a transferência de arquivos, sendo implementado por um processo servidor e por um processo cliente, sendo este último executado na máquina na qual a transferência foi solicitada.

III. O IMAP é o protocolo através do qual as máquinas dos usuários podem enviar mensagens para os servidores de correio eletrônico que, por sua vez, utilizam o mesmo protocolo para transferir a mensagem para o servidor de destino.

IV. Uma VPN ou Rede Privada Virtual é uma rede segura que utiliza a Internet como sua principal rede backbone para conectar as redes internas ou Intranets de uma ou várias empresas.

Indique a opção que contenha as afirmações verdadeiras.
a) I e II
b) II e III
c) III e IV
d) I e III
e) II e IV

74. Os investimentos na área de segurança da informação têm crescido em paralelo com o crescimento do comércio eletrônico na Internet. Com relação aos conceitos de segurança da informação é correto afirmar que a
a) confiabilidade é a habilidade de cada usuário saber que os outros são quem dizem ser.
b) integridade de mensagens é a habilidade de se ter certeza de que a mensagem remetida chegará ao destino sem ser modificada.
c) autenticidade é a garantia de que os sistemas estarão disponíveis quando necessário.
d) integridade é a garantia de que os sistemas desempenharão seu papel com eficácia em um nível de qualidade aceitável.
e) confiabilidade é a capacidade de controlar quem vê as informações e sob quais condições.

75. As memórias internas de um computador são de dois tipos básicos:
a) a memória ROM, representada basicamente pelos CDs, e a memória RAM, que é composta pelos discos rígidos.
b) a memória RAM, baseada em chips semicondutores, que é volátil e compõe a memória principal do microcomputador, e a memória ROM, que não é volátil e que normalmente armazena o BIOS (Basic Input-Output System).
c) as memórias estáticas ou RAM e as memórias dinâmicas ou discos rígidos.
d) o BIOS (Basic Input-Output System) e os discos magnéticos.
e) os arquivos e os programas utilitários.

Analista Judiciário TRE-SP (2) (FCC)

76. No modelo de referência OSI para redes de computadores, entre as camadas de Rede e de Sessão está a camada
a) de transporte.
b) de aplicação.
c) de enlace de dados.
d) física.
e) de apresentação.

77. No modelo de referência OSI para redes de computadores, a função de transformar um canal de transmissão bruto em uma linha que pareça livre de erros de transmissão não detectados para a camada de rede é da camada
a) de transporte.
b) física.

c) de sessão.

d) de enlace de dados.

e) de aplicação.

78. Considerando-se o modelo TCP/IP inicial,

a) o protocolo TCP pertence à mesma camada do protocolo IP e o protocolo UDP pertence à mesma camada do protocolo ICMP.

b) tanto o protocolo TCP quanto o UDP pertencem à camada imediatamente abaixo da camada a que pertence o DNS.

c) o protocolo UDP pertence à mesma camada do protocolo DNS e o protocolo TCP pertence à mesma camada do protocolo IP.

d) tanto o protocolo TCP quanto o UDP pertencem à camada imediatamente acima da camada a que pertence o DNS.

e) o protocolo UDP pertence à mesma camada do protocolo DHCP e o protocolo TCP pertence à mesma camada do protocolo DNS.

79. A operação da Internet é monitorada rigorosamente pelos roteadores. Quando algo inesperado ocorre (time exceeded, por exemplo), o protocolo responsável pela informação do evento é o

a) PPP.

b) DHCP.

c) SSL.

d) ICMP.

e) TCP.

80. Uma proposta para LAN óptica baseada em anel é

a) FDDI.

b) 100Base2.

c) UDDI.

d) 10Base2.

e) twisted pair.

81. A idéia básica por trás do ATM é transmitir todas as informações em pequenos pacotes de tamanho fixo (53 bytes) chamados

a) quadros.

b) datagramas.

c) QoS.

d) slowpacks.

e) células.

82. Por ser uma rede orientada a conexões, na Frame Relay os pacotes, quando entregues, são

a) entregues fora de ordem.

b) subdivididos em células.

c) entregues em ordem.

d) decompostos em estruturas de árvores.

e) mesclados com os datagramas.

83. O protocolo ponto a ponto definido na RFC 1661 que serve para diversos fins, inclusive o de cuidar do tráfego entre um usuário doméstico e um provedor de serviços da Internet, é o
a) PPP.
b) POP3.
c) SMTP.
d) POP.
e) DHCP.

84. Uma opção de cabeamento para Ethernet que utiliza fibra óptica é o
a) 100BaseT4.
b) 10Base-F.
c) 100Base-TX.
d) 10Base-T.
e) 10Base2.

85. O esquema de conectar os fios das estações de trabalho eletricamente a um hub, que aproveita o sistema das companhias telefônicas e é denominado 10Base-T, geralmente utiliza os cabos
a) de fibra óptica.
b) ADSL.
c) paralelos.
d) de pares trançados.
e) Fibre Channel.

86. O IEEE 802.5 é uma rede local que opera a 4 e 16 Mbps. Conhecida por Token Ring, tem sua topologia baseada em
a) barramento paralelo.
b) barramento serial.
c) estrela.
d) barramento misto.
e) anel.

87. Protocolo que permite autenticação mútua entre um cliente e um servidor para estabelecer uma conexão autenticada e encriptada. É executado sobre TCP/IP e sob HTTP, LDAP, IMAP e outros protocolos de alto nível. Esse protocolo é o
a) SCAM.
b) SSL.
c) PHISHING.
d) KEYLOGGER.
e) 3RES.

88. Uma VPN
a) pode ser construída diretamente sobre a Internet.
b) não pode ser implementada sobre ATM.
c) somente pode ser implementada sobre ATM.
d) não pode ser implementada sobre Frame Relay.
e) somente pode ser construída sobre a Internet.

89. Em uma instalação empresarial, é um dispositivo que atua como intermediário entre a estação de trabalho e a Internet, acessando-a por meio de seu próprio IP e não o da estação. Garante, desta forma, segurança classe firewall, controle administrativo e serviço de cache. Podendo ser considerado como um gateway entre uma rede local e a Internet, tal é a função do

a) ADSL.
b) content delivery network.
c) servidor proxy.
d) ISP.
e) modem.

AFPS (ESAF)

90. World Wide Web é um repositório on-line de informações em larga escala que os usuários podem procurar, usando um programa aplicativo interativo chamado navegador (browser). Com relação à navegação na Web, é correto afirmar que

a) uma URL que começa com http:// especifica que um navegador deve usar o HyperText Transport Protocol (HTTP) para acessar o item.
b) os servidores Web apresentam uma arquitetura mais complexa que os navegadores. Um navegador executa uma tarefa simples repetidamente: o navegador aguarda que o servidor abra uma conexão e pergunte qual o item que o navegador deseja.
c) um documento da Web estático feito em HTML não existe em uma forma predefinida. O documento estático é criado por um servidor Web sempre que um navegador solicita o documento. Quando chega uma requisição, o servidor da Web executa um aplicativo que cria o documento e envia ao navegador.
d) um documento Web é considerado dinâmico quando é feito em HTML; o servidor apenas copia o arquivo e envia ao navegador, mas este é interpretado de forma diferente por cada navegador.
e) ao requisitar uma página ASP em um servidor, o navegador informa qual é a versão do ASP que está utilizando para que o servidor envie arquivos ASP que possam ser interpretados pelo navegador.

91. Uma empresa fictícia registrou o domínio "passaro.com.br" com a autoridade de Internet no Brasil. Ao configurar os serviços que iria disponibilizar para a Internet, verificou que necessitaria utilizar os seguintes endereços de sites e servidores:

```
www.passaro.com.br
www2.passaro.com.br
smtp.passaro.com.br
pop3.passaro.com.br
```

Com relação a essa situação, é correto afirmar que

a) a empresa só poderá utilizar os sites www.passaro.com.br e www2.passaro.com.br se registrar, com a autoridade de Internet no Brasil, as informações de endereço IP relacionadas a esses dois endereços.
b) a empresa só poderá utilizar os sites www.passaro.com.br e www2.passaro.com.br e os servidores smtp.passaro.com.br e pop3.passaro.com.br se todos utilizarem o mesmo endereço IP registrado com a autoridade de Internet no Brasil para o domínio passaros.com.br.

c) não existe a necessidade de se definir endereços IP para os servidores smtp.passaro.com.br e pop3.passaro.com.br por se tratar de servidores de email.

d) a empresa poderá criar os sites www.passaro.com.br e www2.passaro.com.br e os servidores smtp.passaro.com.br e pop3.passaro.com.br, devendo especificar no servidor DNS primário que irá atendê-lo e os endereços IP correspondentes a cada um. Não é necessário registrar, com a autoridade de Internet no Brasil, cada um deles separadamente.

e) apenas o site www.passaro.com.br e o servidor pop3.passaro.com.br devem ser registrados individualmente com a autoridade de Internet no Brasil.

92. Cada conta de e-mail tem um endereço único, que é dividido em duas partes: a primeira é usada para identificar a caixa de correio de um usuário, e a segunda é usada para identificar o servidor em que a caixa de correio reside. Por exemplo, no e-mail bemtivi@passaro.com.br, bemtivi é a primeira parte e passaro.com.br é a segunda parte. Com relação às caixas postais e endereços eletrônicos, é correto afirmar que

a) cada conta de e-mail está associada a um endereço IP único válido na Internet.

b) em um servidor de e-mail apenas o e-mail da conta do administrador deverá estar associado a um endereço IP único válido na Internet.

c) o software de e-mail no servidor remetente utiliza a segunda parte para selecionar o servidor de destino e o software de e-mail no computador de destino utiliza a primeira parte para identificar a caixa de correio do usuário.

d) se o servidor de e-mail estiver associado a endereço IP 192.168.2.0, o endereço IP do primeiro e-mail deverá ser 192.168.2.1, o do segundo 192.168.2.2 e assim sucessivamente.

e) em um servidor de e-mail, cada caixa postal poderá armazenar mensagens de no máximo 5 Mbytes. Para receber mensagens maiores, o administrador deverá reservar mais caixas postais para um mesmo endereço, reduzindo assim o número máximo de contas de e-mail permitidos para um servidor.

93. Um protocolo é um conjunto de regras e convenções precisamente definidas que possibilitam a comunicação através de uma rede. Com relação aos protocolos, é correto afirmar que

a) o protocolo TCP tem como uma de suas responsabilidades rotear os dados entre a máquina de origem e a máquina de destino.

b) o UDP presta um serviço orientado a conexão e garante a entrega dos dados no destino.

c) para garantir a entrega dos dados, o protocolo TCP espera que os segmentos recebidos sejam confirmados pela máquina de destino. Se a recepção não for confirmada dentro de um intervalo de tempo, a máquina na origem transmite novamente o segmento.

d) o acesso à Internet feito a partir de uma conexão discada utiliza o protocolo X.25 com servidor de DHCP e endereços fornecidos pelo provedor de acesso.

e) o IP é um protocolo de transporte orientado a conexão que confirma o recebimento dos datagramas entre a origem e o destino e entre as máquinas intermediárias, garantindo, assim, a entrega, o controle de fluxo e a ordenação dos dados.

94. Os problemas de segurança e crimes por computador são de especial importância para os projetistas e usuários de sistemas de informação. Com relação à segurança da informação, é correto afirmar que

a) confiabilidade é a garantia de que as informações armazenadas ou transmitidas não sejam alteradas.

b) integridade é a garantia de que os sistemas estarão disponíveis quando necessários.

c) confiabilidade é a capacidade de conhecer as identidades das partes na comunicação.

d) autenticidade é a garantia de que os sistemas desempenharão seu papel com eficácia em um nível de qualidade aceitável.

e) privacidade é a capacidade de controlar quem vê as informações e sob quais condições.

95. Uma informação, para ser considerada segura, precisa manter seus aspectos de confidenciabilidade, integridade e disponibilidade. A confidenciabilidade é a

a) propriedade de evitar a negativa de autoria de transações por parte do usuário, garantindo ao destinatário o dado sobre a autoria da informação recebida.

b) garantia de que o sistema se comporta como esperado, em geral após atualizações e retificações de erro.

c) análise e responsabilização de erros de usuários autorizados do sistema.

d) garantia de que as informações não poderão ser acessadas por pessoas não autorizadas.

e) propriedade que garante o acesso às informações através dos sistemas oferecidos.

96. Em um sistema em segurança de redes de computadores, a intrusão é qualquer conjunto de ações que tendem a comprometer a integridade, confidencialidade ou disponibilidade dos dados ou sistemas. Com relação aos sistemas de detecção de intrusos – IDS, é correto afirmar que, na tecnologia de detecção de intrusos Host Based,

a) os IDSs são instalados em várias máquinas que serão responsáveis por identificar ataques direcionados a toda a rede.

b) o IDS é instalado em um servidor para alertar e identificar ataques e tentativas de acessos indevidos à própria máquina.

c) o IDS é instalado em uma máquina que analisa todos os dados que transitam na rede segundo um conjunto de regras específicas.

d) o IDS funciona de forma passiva em diferentes ambientes, não interferindo no desempenho da máquina na qual está instalado.

e) o IDS é instalado em uma máquina que analisa todos os dados que transitam na rede para identificar a assinatura dos dados capturados.

97. A principal diferença entre um processador de 450 MHz equipado com memória cache e um segundo, também de 450 MHz, sem memória cache, está na

a) velocidade de acesso ao disco rígido.

b) velocidade de acesso à memória RAM.

c) capacidade de armazenamento na RAM.

d) velocidade final de processamento.

e) velocidade de acesso à Internet.

98. Um usuário tinha uma impressora instalada e funcionando corretamente em um velho computador. Comprou um novo computador e resolveu transferir para ele a impressora. Após concluir a instalação da impressora, observou que, ao enviar um documento para impressão, este era impresso de uma forma incompreensível, isto é, o texto ou imagem enviados para impressão eram substituídos por uma série de caracteres completamente diferentes do original. A causa provável do problema é
   a) a inversão dos conectores do cabo da impressora.
   b) a instalação de um driver incorreto.
   c) a utilização de um cabo USB usado pelo computador novo no lugar de um cabo paralelo usado pela impressora antiga.
   d) utilização de alimentação 220Volts na impressora quando deveria ser 110Volts.
   e) a existência de um outro equipamento em conflito com a impressora.

99. No Excel, com uma planilha inicialmente sem dados, preenche-se o intervalo das células E1 até E10. Em seguida, preenche-se a célula F1 com Janeiro e a célula G1 com Fevereiro. Finalmente, seleciona-se a célula F1. Ao dar um clique duplo no pequeno quadrado que se encontra no canto inferior direito da seleção, o resultado da célula F10 será
   a) Janeiro.
   b) Fevereiro.
   c) Outubro.
   d) Julho.
   e) nulo.

100. Analise as seguintes afirmações relativas a conceitos de software.
   I. ASP é um ambiente de programação por script, que pode ser usado para criar páginas dinâmicas e interativas para a Internet. As páginas ASP executam no cliente e não no servidor, aumentando assim o desempenho do aplicativo na Internet.
   II. HTML é uma linguagem declarativa utilizada para criação de páginas e exibição de textos na Internet. As páginas HTML executam no servidor, e não no cliente, e é o próprio servidor que transforma os scripts HTML em ASP, permitindo assim que qualquer browser seja capaz de acessar essas páginas.
   III. O tempo de execução de um programa interpretado é maior que o tempo de execução de um programa compilado, uma vez que no primeiro todas as instruções têm que ser interpretadas no momento de execução do programa.
   IV. O ActiveX é um conjunto de tecnologias de integração que ajuda os aplicativos e componentes a se comunicarem e se coordenarem corretamente, seja em uma máquina, em uma rede local ou na Internet.

Indique a opção que contenha as afirmações verdadeiras.
   a) I e II
   b) II e III
   c) II e IV
   d) I e III
   e) III e IV

101. Uma forma de proteger os dados de uma organização contra perdas acidentais é a realização periódica do backup desses dados de uma forma bem planejada. Entre os tipos de backup, no incremental

a) é feito o backup dos arquivos selecionados ou indicados pelo usuário somente se eles não tiverem marcados como copiados (participado do último backup) ou se tiverem sido alterados, marcando-os como copiados (marca que indica que participaram do último backup).

b) é feito o backup de todos os arquivos selecionados ou indicados pelo usuário, independentemente de estarem marcados como copiados (participado do último backup), marcando-os como copiados (marca que indica que participaram do último backup).

c) é feito o backup de todos os arquivos selecionados ou indicados pelo usuário, independentemente de estarem marcados como copiados, mas nenhum é marcado como copiado (marca que indica que participaram do último backup).

d) é feito o backup dos arquivos selecionados ou indicados pelo usuário somente se eles não tiverem marcados como copiados (participado do último backup) ou se tiverem sido alterados, mas nenhum é marcado como copiado (marca que indica que participaram do último backup).

e) é feito o backup apenas dos arquivos selecionados ou indicados pelo usuário que tiverem sido alterados na data corrente, mas não marca nenhum como copiado (marca que indica que participaram do último backup).

AFTE-RN (ESAF)

102. Analise as afirmações relacionadas a conceitos básicos e modos de utilização de tecnologias, ferramentas, aplicativos e procedimentos associados à Internet/Intranet.

I. Na Internet, a escolha do caminho por onde uma mensagem deve transitar é chamado de roteamento.

II. Um endereço eletrônico de e-mail consiste de uma seqüência de nomes separados por ponto, por exemplo, www.meunome.com.br, podendo ser entendido como a versão legível do endereço IP.

III. Quando copia um arquivo da rede para o seu computador, o usuário está fazendo um download. A expressão pode ser aplicada para cópia de arquivos de servidores FTP, imagens transferidas diretamente da tela do navegador ou quando as mensagens de correio eletrônico são trazidas para o computador do usuário.

IV. A linguagem padrão, de âmbito internacional, para a programação de sites na Web que possibilita que todas as ferramentas de navegação exibam o conteúdo do site é conhecida como WWW.

Indique a opção que contenha as afirmações verdadeiras.

a) I e II
b) II e III
c) III e IV
d) I e III
e) II e IV

103. **Analise as afirmações relacionadas a conceitos básicos e modos de utilização de tecnologias, ferramentas, aplicativos e procedimentos associados à Internet/Intranet.**

I. O MPEG foi criado para comprimir imagens retiradas do mundo real. Funciona bem com fotos e desenhos naturalísticos, mas não é tão eficiente com desenhos de letras, linhas e cartoons.

II. A Internet2 é uma rede paralela à Internet formada por universidades para desenvolver aplicações avançadas para a área acadêmica e de pesquisa.

III. Host é um computador ligado permanentemente à rede que mantém um repositório de serviços para outros computadores na Internet.

IV. A definição formal de HTML une os conceitos de hipertexto e multimídia. Ou seja, um documento HTML contém imagens, sons, textos e vídeos, como qualquer título multimídia.

Indique a opção que contenha as afirmações verdadeiras.

a) I e II
b) II e III
c) III e IV
d) I e III
e) II e IV

104. **Um protocolo é um conjunto de regras e convenções para envio de informações em uma rede. Essas regras regem, além de outros itens, o conteúdo e o controle de erro de mensagens trocadas pelos dispositivos de rede. Com relação a estas regras e convenções é correto afirmar**

a) o protocolo de rede SNMP é usado para gerenciar redes TCP/IP - Transmission Control Protocol/Internet Protocol. Em alguns sistemas operacionais, o serviço SNMP é utilizado para fornecer informações de status sobre um host em uma rede TCP/IP.

b) uma conexão DHCP pode utilizar um servidor TCP/IP para obter um endereço IP.

c) o IP é o protocolo mensageiro do TCP/IP responsável pelo endereçamento e envio de pacotes na rede, fornecendo um sistema de entrega com conexões que garante que os pacotes cheguem a seu destino na seqüência em que foram enviados.

d) o protocolo FTP é o mensageiro do TCP/IP, responsável pelo endereçamento e envio de pacotes FTP na rede. O FTP fornece um sistema de entrega sem conexões que não garante que os pacotes cheguem a seu destino.

e) os protocolos FTP, SMTP, POP3 e HTTP são os únicos da família de protocolos TCP/IP utilizados na Internet que fornecem um sistema de entrega sem conexões, mas que garantem que os pacotes cheguem a seu destino na seqüência em que foram enviados.

105. **Analise as afirmações relacionadas a conceitos de proteção e segurança da Informação.**

I. O SSL é um protocolo para comunicações seguras em redes que usam uma combinação de tecnologia de chave secreta e pública.

II. Uma CA (Autoridade de Certificação) é uma entidade responsável pelo estabelecimento e a garantia da autenticidade de chaves públicas pertencentes a usuários ou a outras autoridades de certificação.

III. Uma VPN é a extensão da Internet que engloba vínculos autenticados, criptografados e encapsulados. Geralmente utilizadas por entidades financeiras para conexão com seus clientes domésticos, as conexões do tipo VPN podem fornecer acesso remoto e conexões seguras à Internet.

IV. Um sistema tolerante a falhas está relacionado à habilidade de um computador ou sistema operacional em assegurar a integridade dos dados quando falhas de hardware ocorrem. No gerenciamento de disco, apenas volumes espelhados são tolerantes a falhas.

Indique a opção que contenha as afirmações verdadeiras.
   a) I e II
   b) II e III
   c) III e IV
   d) I e III
   e) II e IV

106. Analise as seguintes afirmações relacionadas a conceitos de hardware.

I. O barramento USB é um barramento externo que dá suporte à instalação plug and play.

II. Uma porta infravermelha é uma porta óptica utilizada em um computador para se comunicar com outros computadores ou dispositivos usando luz infravermelha e um cabo de fibras ópticas.

III. O uso do barramento USB permite a conexão e a desconexão de dispositivos de um computador sem desligar ou reiniciar o mesmo, sendo possível o uso de uma única porta USB para se conectar mais de 16 dispositivos periféricos.

IV. Um pool de impressão deve ser formado por duas ou mais impressoras diferentes conectadas a um servidor de impressão que agirá como uma única impressora. Nesse caso, quando se deseja imprimir um documento, o trabalho de impressão é enviado à impressora denominada Padrão, que se encarrega de distribuir os trabalhos para as impressoras disponíveis no pool.

Indique a opção que contenha as afirmações verdadeiras.
   a) I e II
   b) II e III
   c) III e IV
   d) I e III
   e) II e IV

107. Analise as seguintes afirmações relacionadas a conceitos de hardware e software.

I. O mais importante pacote de software de um computador é o conjunto de drives nele instalados, utilizados para controle de todos os periféricos.

II. O sistema operacional é um sistema integrado de programas que gerencia as operações da CPU, controla os recursos e atividades de entrada/saída e de armazenamento e fornece vários serviços de apoio à medida em que o computador executa os programas aplicativos dos usuários.

III. O sistema operacional executa atividades que minimizam a necessidade de intervenções dos usuários, como, por exemplo, acesso à rede e gravação e recuperação de arquivos.

IV. Para obter o rendimento máximo de um computador utilizado como servidor, o sistema operacional deverá ser acionado após a inicialização de todos os aplicativos de gerenciamento de rede.

Indique a opção que contenha as afirmações verdadeiras.
a) I e II
b) II e III
c) III e IV
d) I e III
e) II e IV

108. Os tipos de backups determinam quais dados sofrem a cópia de segurança e a forma como ela deve ser feita. Com relação a este assunto é correto afirmar que
a) o backup incremental deve ser feito sempre antes de um backup normal.
b) o backup normal deve ser feito sempre após um backup diferencial e só deve ser descartado após o próximo backup incremental.
c) o uso de um backup normal diário dispensa o uso de um backup incremental semanal.
d) o uso de um backup diferencial após um backup normal pode danificar todo o sistema de backup de uma empresa se, após a sua realização, não for feito um backup incremental.
e) a principal diferença entre os backups normal, incremental e diferencial está no sistema de fitas utilizado para armazená-los.

109. Analise as seguintes afirmações relacionadas a conceitos de organização e de gerenciamento de arquivos.
I. Os arquivos com extensões criadas para tipos específicos são, em geral, denominado "tipo de arquivo registrado". Estes tipos de arquivos não são rastreados pelo registro do sistema operacional.
II. Recursos compartilhados podem ser definidos como os recursos da rede disponíveis para os usuários, tais como pastas, arquivos ou impressoras. Um recurso compartilhado também pode se referir a um recurso em um servidor, disponível para usuários da rede.
III. Quanto maior o tamanho de cluster utilizado, também chamado de tamanho da unidade de alocação, mais eficiente será o armazenamento de informações no disco.
IV. Uma unidade de alocação é a menor quantidade de espaço em disco que pode ser alocada para manter um arquivo.

Indique a opção que contenha as afirmações verdadeiras.
a) I e II
b) II e III
c) III e IV
d) I e III
e) II e IV

AFRE-CE (ESAF)

110. Analise as seguintes afirmações relacionadas a conceitos básicos de Informática.

I. O Chipset é o principal componente de uma placa-mãe, no qual é possível encontrar os controladores de acesso à memória, controladores do barramento IDE, AGP e ISA.

II. O Driver é um conjunto de rotinas que permite ao sistema operacional acessar o periférico, funcionando como uma espécie de tradutor entre o dispositivo.

III. Um HD SCSI, ao ser conectado à saída IDE UDMA/66 de uma placa-mãe, tem sua velocidade de acesso multiplicada por 66, chegando a uma taxa de transferência da ordem de 150 Giga Bytes/segundo.

IV. Um processador, para ler dados de uma memória RAM, deve indicar o endereço desejado na memória, usando, para isto, o barramento de dados, recebendo os dados desejados via memória cache.

Indique a opção que contenha todas as afirmações verdadeiras.

a) I e II
b) II e III
c) III e IV
d) I e III
e) II e IV

111. Analise as seguintes afirmações relacionadas a conceitos básicos de Sistemas Operacionais.

I. O Kerberos é um protocolo de criptografia de chave privada utilizado por algumas versões do Sistema Operacional Windows como protocolo de autenticação padrão. Nesses casos, o controlador de domínio Windows executa o serviço de servidor do Kerberos e os computadores clientes do Windows executam o serviço de cliente do Kerberos.

II. Nas versões do Windows com sistemas de arquivo NTFS e que permitem compactação de pastas, ao se adicionar ou copiar um arquivo para uma pasta compactada, ele será compactado automaticamente. Ao se mover um arquivo de uma unidade NTFS para uma pasta compactada, ele também será compactado, desde que a unidade de origem seja diferente da unidade de destino.

III. Quando um microcomputador é ligado, o primeiro software carregado é o Sistema Operacional, que faz a contagem da memória RAM, detecta os dispositivos instalados e por fim carrega o BIOS. Este procedimento inicial é chamado de POST (Power-On Self Test).

IV. O Samba é um servidor para Windows que permite o gerenciamento e compartilhamento de recursos em redes formadas por computadores com o Linux. Instalando o Samba, é possível usar o Windows como servidor de arquivos, servidor de impressão, entre outros, como se a rede utilizasse apenas servidores Linux.

Indique a opção que contenha todas as afirmações verdadeiras.

a) I e II
b) II e III
c) III e IV
d) I e III
e) II e IV

112. Nos sistemas de Segurança da Informação, existe um método que
_____. Este método visa garantir a integridade da informação. Escolha a opção que preenche corretamente a lacuna acima.
   a) valida a autoria da mensagem
   b) verifica se uma mensagem em trânsito foi alterada
   c) verifica se uma mensagem em trânsito foi lida por pessoas não autorizadas
   d) cria um backup diferencial da mensagem a ser transmitida
   e) passa um antivírus na mensagem a ser transmitida

113. Analise as seguintes afirmações relacionadas a conceitos básicos de Segurança da Informação.
   I. Um firewall, instalado entre uma rede LAN e a Internet, também é utilizado para evitar ataques a qualquer máquina desta rede LAN partindo de máquinas da própria rede LAN.
   II. A confidenciabilidade é a propriedade de evitar a negativa de autoria de transações por parte do usuário, garantindo ao destinatário o dado sobre a autoria da informação recebida.
   III. Na criptografia de chaves públicas, também chamada de criptografia assimétrica, uma chave é utilizada para criptografar e uma chave diferente é utilizada para decriptografar um arquivo.
   IV. Uma das finalidades da assinatura digital é evitar que alterações feitas em um documento passem sem ser percebidas. Nesse tipo de procedimento, o documento original não precisa estar criptografado.

Indique a opção que contenha todas as afirmações verdadeiras.
   a) I e II
   b) II e III
   c) III e IV
   d) I e III
   e) II e IV

114. Os _____ são utilizados para dividir o tráfego entre os segmentos de uma mesma rede ou para interligar redes com diferentes protocolos na camada física.

Escolha a opção que preenche corretamente a lacuna acima.
   a) Servidores IDS
   b) Servidores DNS
   c) Hubs
   d) Roteadores
   e) Conectores RJ45

TCE-SP (FCC)

115. Com relação à computação, considere:
   I. Basicamente, duas grandes empresas, Intel e AMD, disputam o mercado mundial

de fabricação de pro-cessadores. A Intel mensura a desempenho dos seus processadores baseados no clock. A AMD, por sua vez, tem conseguido rendimentos proporcionais dos seus chips com clocks mais baixos, desconsiderando, inclusive, o clock como referência.

II. Comparada ao desktop, a mobilidade é a principal vantagem do notebook. No entanto, as restrições quanto à facilidade de atualizações tecnológicas dos itens de hardware, são o seu fator de desvantagem. Os fabricantes alegam que as limitações decorrem do fato de a maior parte dos componentes vir integrada de forma permanente à placa-mãe do equipamento, visando construir modelos menores, de baixo consumo de energia e com pouco peso.

III. O conceito do software, também chamado de sistema ou programa, pode ser resumido em sentença escrita em uma linguagem que o computador consegue interpretar. Essa sentença, por sua vez, é a soma de diversas instruções ou comandos que, ao serem traduzidas pelo computador, fazem com que ele realize determinadas funções.

IV. A licença de uso de software denominada OEM é uma das melhores formas para o adquirente comprar softwares, como se estivesse adquirindo na loja o produto devidamente embalado, pois a negociação pode ser feita pela quantidade, o que garante boa margem de economia no preço do produto.

É correto o que consta em
a) I e II, apenas.
b) I, II, III e IV.
c) II, III e IV, apenas.
d) I, II e III, apenas.
e) II e III, apenas.

116. No que concerne a conceitos básicos de hardware, considere:
I. Memória Cache é uma pequena quantidade de memória estática de alto desempenho, tendo por finalidade aumentar o desempenho do processador realizando uma busca antecipada na memória RAM. Quando o processador necessita de um dado, e este não está presente no cache, ele terá de realizar a busca diretamente na memória RAM. Como provavelmente será requisitado novamente, o dado que foi buscado na RAM é copiado na cache.
II. O tempo de acesso a uma memória cache é muitas vezes menor que o tempo de acesso à memória virtual, em decorrência desta última ser gerenciada e controlada pelo processador, enquanto a memória cache tem o seu gerenciamento e controle realizado pelo sistema operacional.
III. O overclock é uma técnica que permite aumentar a freqüência de operação do processador, através da alteração da freqüência de barramento da placamãe ou, até mesmo, do multiplicador.
IV. O barramento AGP foi inserido no mercado, oferecendo taxas de velocidade de até 2128 MB por segundo, para atender exclusivamente às aplicações 3D que exigiam taxas cada vez maiores. A fome das aplicações 3D continuou e o mercado tratou de desenvolver um novo produto, o PCI Express que, além de atingir taxas de velocidade muito superiores, não se restringe a conectar apenas placas de vídeo.

É correto o que consta em
   a) I, III e IV, apenas.
   b) I, II, III e IV.
   c) II, III e IV, apenas.
   d) I e II, apenas.
   e) II e III, apenas.

117. No que se refere ao ambiente Windows, é correto afirmar:
   a) Programas de planilha eletrônica, navegadores da Web e processadores de texto são executados com o dobro de velocidade em um computador de 64 bits, em relação a um computador de 32 bits.
   b) Um aspecto interessante no ambiente Windows é a versatilidade de uso simultâneo das teclas [Ctrl], [Alt] e [Del], notadamente nos aplicativos onde há interação usuário programa. A função executada pelo acionamento de tais teclas associa-se diretamente às requisições de cada aplicativo.
   c) Os termos versão de 32 bits e versão de 64 bits do Windows referem-se à maneira como o sistema operacional processa as informações. Se o usuário estiver executando uma versão de 32 bits do Windows, só poderá executar uma atualização para outra versão de 32 bits do Windows.
   d) No Windows XP, através do Painel de controle, pode-se acessar os recursos fundamentais do sistema operacional Windows, tais como, a Central de Segurança, o Firewall do Windows e as Opções da Internet.
   e) Em termos de compatibilidade de versões, uma das inúmeras vantagens do Windows Vista é a sua capacidade de atualizar os dispositivos de hardware através do aproveitamento de drivers existentes nas versões de 32 bits.

118. Mesmo existindo uma variedade de programas de outros fornecedores de software que permitem reparticionar o disco rígido sem apagar os dados, esse recurso também está presente
   a) em todas as edições do Windows XP.
   b) em todas as edições do Windows Vista.
   c) em todas as edições do Windows XP e do Windows Vista.
   d) no Windows XP Professional e no Windows Vista Ultimate.
   e) no Windows XP Starter Edition, no Windows XP Professional, no Windows Vista Business e no Windows Vista Ultimate.

119. A ativação ajuda a verificar se a cópia do Windows é genuína e se não foi usada em mais computadores do que o permitido, o que ajuda a impedir a falsificação de software, além de se poder usar todos os recursos do sistema operacional. Em relação à ativação do Windows, considere:
   I. Ativação ou registro consiste no fornecimento de informações do adquirente (dados de cadastramento, endereço de email, etc) e validação do produto no computador.
   II. A ativação pode ser on-line ou por telefone e não deve deixar de ser feita dentro de um determinado período após a instalação do produto, sob pena de deixarem de funcionar alguns recursos, até que a cópia do Windows seja ativada.
   III. O Windows pode ser instalado no mesmo computador quantas vezes se desejar, desde que seja efetuado sobre a instalação atual, pois a ativação relaciona a chave

do produto Windows com informações sobre o hardware do computador.

IV. Se expirar o prazo para ativação, o Windows não vai parar, mas se tornará instável a ponto de não se poder mais criar novos arquivos e nem salvar alterações nos arquivos existentes, entre outras conseqüências.

É correto o que consta em
a) I, II e III, apenas.
b) I e II, apenas.
c) II, III e IV, apenas.
d) I, II, III e IV.
e) II e III, apenas.

120. No Word 2003, o documento salvo no formato XML
a) adquire a propriedade de armazenar dados em uma base de dados, de modo que eles fiquem disponíveis para serem usados em uma ampla variedade de softwares.
b) recebe formatação especial para possibilitar sua manipulação por softwares específicos.
c) recebe formatação especial e funcionalidades não contidas no formato DOC.
d) não recebe nenhum tipo de formatação, sendo salvo, portanto, como um texto sem formatação.
e) assemelha-se ao formato RTF na sua formatação, mas diferencia-se na descrição dos dados.

121. No MS-Office:
a) no menu Ferramentas, tanto a opção Proteger Documento quanto o comando Opções têm a mesma finalidade, excetuando-se apenas os botões Segurança de macros e Assinaturas digitais contidos somente no comando Opções.
b) quando se define uma Senha de proteção para um documento, a criptografia é utilizada para proteger o conteúdo do arquivo, sendo possível até mesmo escolher o tipo de criptografia utilizada. Embora outras pessoas possam ler o documento, elas estarão impedidas de modificá-lo.
c) algumas das configurações exibidas na guia Segurança, como, por exemplo, a opção Recomendá vel somente leitura, (disponível no Word, Excel e PowerPoint) têm como função proteger um documento contra interferência mal intencionada.
d) a opção Proteger Documento, do menu   Ferramentas (disponível no Word e no PowerPoint), tem como função restringir a formatação aos estilos selecionados e não permitir que a Autoformatação substitua essas restrições.
e) a proteção de documentos por senha está disponível em diversos programas do Office. No Word, no Excel e no PowerPoint o método é exatamente o mesmo, sendo possível selecionar diversas opções, incluindo criptografia e compartilhamento de arquivos para proteger os documentos.

122. No que concerne ao Microsoft Excel, considere:
I. Quando criamos uma ou mais planilhas no Excel, estas são salvas em um arquivo

com extensão .xls. Ao abrirmos uma nova pasta de trabalho, esta é criada, por padrão, com três planilhas.

II. Os nomes das planilhas aparecem nas guias localizadas na parte inferior da janela da pasta de trabalho e poderão ser renomeadas desde que não estejam vazias.

III. Dentro de uma pasta de trabalho as planilhas podem ser renomeadas ou excluídas, mas não podem ser movidas para não comprometer as referências circulares de cálculos. Se necessário, novas planilhas podem ser incluídas na seqüência de guias.

IV. As fórmulas calculam valores em uma ordem espe cífica conhecida como sintaxe. A sintaxe da fórmula descreve o processo do cálculo. Uma fórmula no Microsoft Excel sempre será precedida por um dos operadores matemáticos, tais como, +, -, * e /.

É correto o que consta APENAS em
a) II.
b) I.
c) IV.
d) I, II e III.
e) II, III e IV.

123. Constituem facilidades comuns aos programas de correio eletrônico Microsoft Outlook e Microsoft Outlook Express:

I. Conexão com servidores de e-mail de Internet POP3, IMAP e HTTP.

II. Pastas Catálogo de Endereços e Contatos para armazenamento e recuperação de endereços de email.

III. Calendário integrado, incluindo agendamento de reuniões e de eventos, compromissos e calendários de grupos.

IV. Filtro de lixo eletrônico.

Está correto o que consta em
a) II e III, apenas.
b) II, e IV, apenas.
c) III e IV, apenas.
d) I, II, III e IV.
e) I e II, apenas.

124. Quanto às tecnologias de comunicação voz/dados, considere:

I. Largamente adotada no mundo todo como meio de acesso rápido à Internet, através da mesma infraestrutura das linhas telefônicas convencionais. Sua grande vantagem é permitir acesso à Internet ao mesmo tempo em que a linha de telefone fica livre para voz ou fax, ou mesmo uma ligação via modem, usando um único par de fios telefônicos.

II. Uma linha telefônica convencional é transformada em dois canais de mesma velocidade, em que é possível usar voz e dados ao mesmo tempo, cada um ocupando um canal. Também é possível usar os dois canais para voz ou para dados.

III. Aproveita a ociosidade das freqüências mais altas da linha telefônica para transmitir dados. Uma de suas características é a diferença de velocidade para efetuar download e upload; no download ela é maior.

IV. Útil quando é necessária transferência de informações entre dois ou mais dispositivos que estão perto um do outro ou em outras situações onde não é necessário alta taxa de transferência. Os dispositivos usam um sistema de comunicação via rádio, por isso não necessitam estar na linha de visão um do outro.

Os itens acima referem-se, respectivamente, a
a) ISDN, ADSL, ISDN, Wi-Fi.
b) ADSL, ISDN, ISDN e Bluetooth.
c) ADSL, ISDN, ADSL e Bluetooth.
d) ADSL, ISDN, ADSL e Wi-Fi.
e) ISDN, ADSL, ADSL e Bluetooth.

125. A Internet é uma rede mundial de telecomunicações que conecta milhões de computadores em todo o mundo. Nesse sentido, considere:
   I. Nela, as redes podem operar estando ou não conectadas com outras redes e a operação não é dependente de nenhuma entidade de controle centralizado.
   II. Qualquer computador conectado à Internet pode se comunicar gratuitamente com outro também conectado à Internet e usufruir os serviços por ela prestado, tais como, Email, WEB, VoIP e transmissão de conteúdos de áudio.
   III. A comunicação entre as redes locais e a Internet utiliza o protocolo NAT (Network Address Translation) que trata da tradução de endereços IP não-roteáveis em um (ou mais) endereço roteável.

Está correto o que consta em
a) I, II e III.
b) I e II, apenas.
c) I e III, apenas.
d) II e III, apenas.
e) III, apenas.

126. Secure Sockets Layer trata-se de
   a) qualquer tecnologia utilizada para proteger os interesses de proprietários de conteúdo e serviços.
   b) um elemento de segurança que controla todas as comunicações que passam de uma rede para outra e, em função do que sejam, permite ou denega a continuidade da transmissão.
   c) uma técnica usada para garantir que alguém, ao realizar uma ação em um computador, não possa falsamente negar que realizou aquela ação.
   d) uma técnica usada para examinar se a comunicação está entrando ou saindo e, dependendo da sua direção, permiti-la ou não.
   e) um protocolo que fornece comunicação segura de dados através de criptografia do dado.

127. Em relação à segurança da informação, considere:
   I. Vírus do tipo polimórfico é um código malicioso que se altera em tamanho e aparência cada vez que infecta um novo programa.

II. Patch é uma correção ampla para uma vulnerabilidade de segurança específica de um produto.

III. A capacidade de um usuário negar a realização de uma ação em que outras partes não podem provar que ele a realizou é conhecida como repúdio.

IV. Ataques DoS (Denial of Service), também denominados Ataques de Negação de Serviços, consistem em tentativas de impedir usuários legítimos de utilizarem um determinado serviço de um computador. Uma dessas técnicas é a de sobrecarregar uma rede a tal ponto que os verdadeiros usuários não consigam utilizá-la.

É correto o que consta em
a) II e IV, apenas.
b) I, II e III, apenas.
c) I, II, III e IV.
d) III e IV, apenas.
e) I e III, apenas.

TCE-SP (FCC)
Conhecimentos específicos de TI

128. Com relação ao ITIL, considere:
I. O Gerenciamento da Capacidade é o processo responsável por garantir que a organização esteja ciente da tecnologia nova ou modificada. Dentre as técnicas por ele utilizadas encontra-se a de Dimensionamento de Aplicações.

II. O Gerenciamento da Disponibilidade é responsável por conhecer a confiabilidade dos componentes para executar uma função necessária sob determinadas condições e durante certo período de tempo, pela facilidade com que a manutenção dos componentes do serviço pode ser executada e pela negociação dos níveis de disponibilidade com os clientes.

III. No Planejamento da Continuidade dos Serviços em TI, a severidade de um desastre depende do impacto sobre os clientes no negócio.

IV. A característica da estratégia ITIL é que a um departamento é dada a responsabilidade sobre os processos de Suporte a Serviços e da Entrega de Serviços, de forma que os recursos alocados possam ser utilizados da forma mais eficiente possível.

É correto o que consta em
a) I e II, apenas.
b) I, II, III e IV.
c) II, III e IV, apenas.
d) I, III e IV, apenas.
e) I e III, apenas.

129. No ITIL, quando um cliente reclama que os níveis de serviço estão abaixo dos acordados na ANS, aparentemente, devido à quantidade de incidentes de hardware relatados, o responsável por garantir que a causa seja investigada é o Gerente de

a) Incidentes.
b) Problemas.
c) Nível de Serviço.
d) Disponibilidade.
e) Mudanças.

130. No COBIT, ele cobre a utilização de informação e tecnologia e como isso pode ser usado para que a empresa atinja seus objetivos e metas. Nele, também, é evidenciada a forma organizacional e a infra-estrutura de TI que devem ser consideradas para que se atinja resultados ótimos e para que se gere benefícios do seu uso. Trata-se do domínio
a) Planejar e Organizar.
b) Adquirir e Implementar.
c) Entregar e Dar Suporte.
d) Monitorar e Avaliar.
e) Adquirir e Entregar.

131. Trata-se de um framework cada vez mais aceito como padrão para avaliação de controles do ciclo completo de TI:
a) ISO 9000
b) ITIL
c) CMM
d) COBIT
e) ISO 17799

132. Um SGBD - Sistema de Gerenciamento de Banco de Dados é uma coleção de programas que permitem ao usuário definir, construir e manipular Bases de Dados para as mais diversas finalidades. Para que um sistema de manipulação de dados seja considerado um SGBD, deve conter determinadas características, dentre as quais destacam-se:

I. Auto-contenção - Um SGBD não contém apenas os dados em si, mas armazena completamente toda a descrição dos dados, seus relacionamentos e formas de acesso, sem depender de nenhum programa externo para isso.

II. Independência dos dados - As aplicações devem estar imunes a mudanças na estrutura de armazenamento ou na estratégia de acesso aos dados. Nenhuma definição dos dados deverá estar contida nos programas da aplicação.

III. Visões - Um SGBD deve permitir que cada usuário visualize os dados de forma diferente daquela existente previamente no Banco de Dados.

IV. Transações - Um SGBD deve gerenciar completamente a integridade referencial definida em seu esquema, mesmo que tenha que se valer do auxílio de um programa aplicativo.

É correto o que consta em
a) II e III, apenas.
b) I, II, III e IV.
c) I e III, apenas.
d) II e IV, apenas.
e) I, II e III, apenas.

133. A principal proposição desse modelo é que todos os dados são representados como relações matemáticas, isto é, um subconjunto do produto Cartesiano de n conjuntos. No modelo matemático, a análise dos dados é feita em uma lógica de predicados de dois valores associados à proposição verdadeira ou falsa. No SGBD ele é tratado como modelo
    a) Hierárquico.
    b) Relacional.
    c) Em Rede.
    d) Orientado a Objeto.
    e) Semi-Estruturado.

134. No que tange às proposições da WEB 2.0, considere:
    I. Na web 2.0 os programas são abertos, ou seja, uma parte do programa pode ser utilizado por qualquer pessoa para fazer outro programa. São utilizadas APIs para deixar que outros sites utilizem partes dos seus dados nos serviços deles.
    II. Algumas aplicações Web 2.0 permitem a personalização do conteúdo mostrado para cada usuário, sob forma de página pessoal, permitindo a ele a filtragem de informação que ele considera relevante.
    III. O conceito usado é comparável com o do software livre: se há muitas pessoas olhando, todos os erros são corrigidos facilmente. Para isso existem comunidades que se auto-moderam, por meio da participação dos usuários, indicando ao sistema qual usuário não deve mais participar da comunidade.
    IV. A Web é a plataforma, o software um serviço, ou seja, na Web 2.0 os softwares funcionam pela Internet, não somente instalados no computador local, de forma que vários programas podem se integrar formando uma grande plataforma. Por exemplo, os contatos do programa de e-mail podem ser usados no programa de agenda, ou pode-se criar um novo evento numa agenda através do programa de e-mail.
É correto o que consta em
    a) I, III e IV, apenas.
    b) I, II e III, apenas.
    c) I, II, III e IV.
    d) I, II e IV, apenas.
    e) II, III e IV, apenas.

135. O ciclo de vida de um projeto, segundo o PMI, é formado pelo conjunto de
    a) processos de gerenciamento que compõem uma área de conhecimento.
    b) processos de gerenciamento que compõem um grupo de processos, envolvendo todas as áreas deconhecimento.
    c) fases atravessadas por um projeto, desde o início até a conclusão dos trabalhos associados ao produto do projeto.
    d) grupos de processos que organizam e descrevem a realização do projeto.
    e) áreas de conhecimento que reúnem os processos de gerenciamento comuns ou inter-relacionados.

COMENTÁRIOS:

Fiscal-PB (FCC)

1.

A questão apresenta 10 bits, seis de valor "um" e quatro de valor "zero". Para converter esse número binário em decimal, devemos primeiro numerar (da direita para a esquerda) as posições que cada bit ocupa. Por exemplo, se temos 10 bits, o primeiro bit da direita ocupa a primeira posição e o último bit à esquerda ocupa a décima posição. Na informática, a primeira posição ordinal é normalmente identificada por "zero", logo, se temos dez posições a serem ordenadas, elas serão representadas de "zero" a "nove". Depois de numerar os bits com suas respectivas posições, vamos descartar os quatro bits de valor "zero" ficando apenas com os seis bits de valor "1". Da direita para a esquerda teremos os bits "1" nas seguintes posições: 0;2;3;4;6 e 7. Como os bits são representados apenas por "zero" e "um", temos só duas variações e por isso, usaremos o algarismo "2" como base e a posição que cada bit "um" estiver ocupando será o expoente, ficando assim: $2^0 + 2^2 + 2^3 + 2^4 + 2^6 + 2^7$. O resultado desta operação é o valor decimal 221 – *A resposta correta é a letra D.*

2.

BIOS (Basic Input Output System) significa "Sistema Básico de Entrada e Saída". Trata-se de um programa presente na memória ROM da placa mãe. Esta memória pode ser chamada de ROM-BIOS ou somente BIOS. Atenção para não confundir "o BIOS" (programa) com "a BIOS" (memória). A função do BIOS é preparar o processador com instruções que permitam o controle de fluxo de dados e oferecer suporte para algumas funções do sistema operacional. – *A resposta correta é a letra A.* Por se tratar de um software, descartamos as alternativas B; C e D que se referem a dispositivos físicos. A alternativa E faz alusão a um software que atue especificamente na placa de vídeo e no monitor e por isso também não poderia ser a nossa resposta.

3.

Hub é um equipamento que interliga computadores. Ao receber sinais elétricos de um computador, ele distribui estes sinais para todos os dispositivos conectados a ele. Um hub, como um repetidor, atua na camada física dos modelos OSI e TCP. *A resposta correta é a letra B.* Parser é um programa que analisa de forma sintática um determinado conjunto de caracteres sendo digitados ou dentro de arquivos, permitindo a extração de palavras ou frases específicas. Router é o mesmo que roteador. Um dispositivo que dentre outras funções, interliga redes de tecnologias diferentes e escolhe a melhor rota para enviar e receber dados pela rede. Bridge ou ponte é um dispositivo que une dois segmentos de rede criando uma só rede local, o que permite a troca de dados entre segmentos. Gateway é como chamamos genericamente qualquer equipamento que sirva como "portão de saída" de uma rede para outra. É o equipamento que se comunica com a internet permitindo que por ele outros computadores também acessem.

4.
A palavra backbone significa coluna vertebral. Funciona como um tronco de alta velocidade que serve como via de dados para todos os dispositivos conectados. Pode ser um backbone local ou de proporções continentais onde países se conectam para participarem da Internet e proverem acesso. *A resposta certa é a letra D.* SMTP (Simple Mail Transfer Protocol) é o protocolo que permite o envio de e-mail de um cliente para um servidor e entre servidores. TCP/IP é o conjunto ou pilha de protocolos que permite o acesso e a troca de dados na internet. OSI (Open Systems Interconnection) é um modelo de rede criado pela ISO para organização e estruturação de redes.

5.
A criptografia simétrica consiste no uso de apenas uma chave, por isso não é nem pública nem particular, é simplesmente chave única. Na criptografia assimétrica é que se usa as duas chaves mencionadas, onde a pública é usada para criptografar e a particular decriptografar. *A resposta certa é a letra C.*

6.
Assim como o Windows, o Linux é um sistema que atende às necessidades de clientes e servidores permitindo que vários usuários manuseiem-no (multiusuário) executando sob demanda todos os aplicativos que desejam desde que o hardware suporte, sendo um sistema multitarefa e não mono como dito na afirmativa I. O Linux cria memória virtual para complementar a principal mesmo que tenha bastante instalada. *A resposta correta é a letra E.*

7.
Confidencial é aquilo que deve estar em segredo e autenticidade é a garantia de que instituições ou pessoas são quem dizem ser. O Secure Socket Layer ou SSL é um sistema de segurança em transações pela rede. Quanto maior o número de bits, maior também será a dificuldade para decifrar a criptografia. *A resposta certa é a letra B.* - Interface gráfica comum ou Common Graphic Interface é uma forma simples de apresentação no vídeo, como é o caso do MS-DOS. Pop-ups são janelas que abrem nos navegadores de internet sem serem requisitadas. Antivírus e Firewall são respectivamente: sistema contra a infecção de vírus e acesso indevido ao computador.

Fiscal-SP (FCC)

8.
Usando a ferramenta mala-direta podemos mesclar dados com documentos para personalizar impressos. A única afirmativa errada é a II, pois a opção "Enviar para" pertence ao menu arquivo. Além disso, o menu de ferramentas teria mais a ver com o assunto, já que é nele que encontramos a opção de mala direta. *A resposta é a letra C.*

9.
O símbolo "$" (dolar) é utilizado para impedir a variação do endereço. Ao copiar a fórmula para a célula F2, o seu valor mudará para =54+H$1, como não há nada em H1 seria o mesmo que 54+0. *A resposta correta é a letra A.*

10.
Para ativar o processo de hibernação no Windows XP, basta acessar "Opções de energia" do painel de controle. Desta forma pode-se transferir o conteúdo da memória para o disco rígido e retornar ao estado anterior no momento que desejar. *A resposta correta é a letra E.* A ferramenta Backup serve para fazer cópias de segurança dos dados contidos em uma ou mais mídias. No-break é o equipamento que armazena energia para manter ligados os equipamentos conectados a ele por um determinado período de tempo. Por fim, a Restauração do sistema é uma outra ferramenta do sistema que permite recuperar o estado do registro do Windows caso algum programa ou instalação o danifique.

11.
No desenvolvimento de sistemas, a Análise Essencial é a etapa necessária para a construção do Modelo Conceitual do Sistema (essência), logo, não se enquadra no que a questão pede. Engenharia Reversa é a técnica de reverter programas compilados para um formato legível pelo homem e por isso, sem ligação com a questão. Modelo em Cascata é um dos tipos de ciclo de vida de sistemas, que executa etapas em seqüência (cascata), o que permite a demarcação de pontos de controle em cada fase do projeto. Esta talvez fosse a mais próxima, mas lembre-se de que não é "ciclo de vida" que a questão deseja. Restam as opções "A" e "B". Análise Funcional visa a aplicação de alternativas e soluções quando problemas ou erros são identificados, enquanto que o Processo Unificado descreve atividades que adotam a UML (Unified Modeling Language) ou Linguagem Unificada de Modelagem no preparo de todos os artefatos do sistema, incluindo a documentação e o próprio programa em si. *A resposta correta é a letra A.*

12.
Nesta questão poderemos ser bem mais objetivos, pois o enunciado diz que o computador possui um barramento do tipo universal o que nos faz lembrar da porta serial universal ou USB. *A opção correta é a letra B.* A porta RS232 serve para receber conectores do tipo DB-25 e DE-9 (conhecido como DB-9) atualmente usados para conexão de impressoras, mouse, teclados, scanners, etc. BBS (Bulletin Board System) não é um conector e sim um sistema de acesso a informação que permite a conexão via telefone através do computador. Era muito usado quando o Brasil ainda não acessava à Internet. Slot para memória é onde encaixamos os bancos de memória RAM e sobre BIOS, vimos do que se trata na questão 22 de Fiscal-PB/2006.

13.

Existem vários tipos de memória ROM e um deles é a EPROM, um tipo de memória que é apagável eletricamente o que permite ser reprogramada. DRAM (Dynamic RAM) é a classificação genérica das memórias RAM dinâmicas. Slot é o nome pelo qual conhecemos o encaixe na placa-mãe reservado para a adaptação de placas de expansão. Finalmente chegou a hora do tão falado BIOS ser uma resposta correta. *A letra D é a correta.* Backbone (coluna vertebral) é uma rede veloz que serve como "corredor" para computadores interligados ou outras redes. Pode estar presente em uma pequena rede comercial ou alcançar proporções internacionais.

Fiscal-AC (UnB/CESP)

14.

A Internet é uma rede interna que utiliza os mesmos protocolos da Internet e não cabe ser comparada a um sítio (ou site). A banda larga ou broadband é uma conexão com altas taxas de transferência. *A letra B é a alternativa correta.* Para se fazer comercio eletrônico, o usuário não precisa criar com uma autoridade de certificação (CA) uma assinatura digital. Não faz muito sentido dizer que o Internet Explorer evita desperdício, mas o erro grave é dizer que o aplicativo protege o computador contra vírus.

15.

A letra A está errada porque filtros podem impedir o recebimento de e-mail's e mala-direta. Um software antivírus não é o único sistema de segurança que o usuário deve usar, pois é de grande importância que ele também possua um firewall instalado. *A afirmativa correta é a letra C.*

16.

Um sistema de backup não é caro e pode ser encontrado no próprio sistema operacional. É o caso do MS-Backup encontrado em várias versões do Windows. *A afirmativa incorreta é a letra D.*

17.

No menu Arquivo, encontramos a opção "Enviar para..." que dentre outra opções pode copiar o arquivo para o Desktop, enviar por e-mail e copiá-lo para disquete. *A alternativa correta é a letra A.*

Analista Judiciário (TRE)-SP (FCC)

18.
Uma das formas de converter um valor decimal para binário é dividindo-o sucessivamente por dois até encontrarmos o quociente zero. Desta forma, fazemos a leitura de todos os restos encontrados nas divisões a partir da última para a primeira. Aplicarmos esta regra encontraremos 1101. *A alternativa correta é a letra A.*

19.
SDRAM é um tipo de memória RAM dinâmica que opera na mesma freqüência do FSB do processador. SLOT é o mesmo que soquete (ou socket) para conexão de um periférico na placa-mãe. *A alternativa correta é a letra B.* Vimos o que é EPROM na questão número 58 da prova para o ICMS-SP. Stick ou Memory Stick é um cartão de memória do tipo flash atualmente usado para armazenamento de imagens. Sobre BIOS, ler comentários da questão 22 na prova para Fiscal/PB.

20.
No item "Central de segurança" do Painel de controle encontra-se a opção de "Atualizações automáticas". *A letra C está certa.*

21.
A resposta certa é a letra E. A opção "Maiúsculas e minúsculas..." do menu "Formatar" permite a trocar a formatação de caixa em um determinado texto selecionado.

22.
As Opções da Internet podem ser acessadas pelo Painel de controle ou pelo menu "Formatar" do Internet Explorer. O comando abre uma janela de configuração onde pela aba "Geral" o usuário controla as principais opções de gerenciamento, entre elas está a limpeza de histórico, que remove as últimas URL's acessadas. *Resposta, letra D.*

Fiscal-MG (FUNDEP)

23.
Ao dizer "seção aritmética e lógica" a banca faz na verdade uma referência à ULA (Unidade Lógico-Aritmética). Como o nome já diz, é responsável pelo cálculo e por comparações lógicas (and; not; or e xor), mas não vemos nenhuma afirmativa dizer isto diretamente, o que nos obriga a escolher uma das pouco específicas apresentadas. Usando o velho truque da eliminação, podemos constatar que: A seção de controle (unidade de controle) é responsável pelo fluxo (tráfego), pois controla endereços da memória principal no qual estão armazenadas as instruções (segunda lacuna). A memória principal (SRAM+DRAM+ROM) armazena instruções e dados (última lacuna).

Agora ficamos com o número 1 (ULA) e 4 (periférico de entrada) para encontrar as respectivas lacunas. A unidade (periférico) de entrada recebe a informação, que por sua vez é encaminhada para processamento. A ULA, responsável pelos cálculos e procedimentos lógicos, recebe a informação e a processa. *Resposta: 4-2-1-3 Letra D.*

24.
Memória virtual consiste basicamente no uso da memória principal e o espaço livre do disco rígido como complemento. Possui duas características: Paginação e Segmentação. Na técnica de paginação, o espaço de endereçamento é dividido em pequenos blocos de igual tamanho chamados páginas virtuais ou simplesmente páginas. Já na técnica de segmentação os programas são divididos logicamente em sub-rotinas e estruturas de dados e colocados em blocos de informações na memória. Os blocos têm tamanhos variáveis e são chamados segmentos, cada um com seu próprio espaço de endereçamento. As duas primeiras alternativas estão corretas. *A alternativa C é a incorreta*, pois afirma que o processo de memória virtual aumenta a velocidade do processador.

25.
Sistemas gerenciadores de banco de dados (SGBD) são programas que administram tabelas e gerenciam suas ligações, reduzindo as chances de erro, duplicação, falta de segurança, etc. Com um SGBD, podemos cadastrar informações, acessar, listar, consultar e imprimir dados sem que seja necessário programar. As três afirmativas estão certas. *Letra D.*

26.
Um sistema operacional está entre o equipamento (hardware) e o usuário permitindo a manipulação da máquina e seus recursos. Alguns sistemas operacionais como o Windows e o Linux possuem um visual (interface) mais agradável e intuitivo para operar os programas (tarefas) enquanto que outros oferecem recursos bem mais simples. As três afirmativas estão corretas. Resposta: *Letra D.*

27.
Uma intranet apresenta hoje as mesmas características da Internet (hospedagem, e-mail, dns, etc.), mas é acessível somente dentro de empresas. É como se cada empresa tivesse a sua própria internet, porém dizemos intranet. As pessoas que acessam um intranet, em geral são funcionários ou pessoas contratadas que possuem autorização para fazê-lo. Embora não seja obrigatório, uma intranet pode ter acesso a uma rede externa, como por exemplo a Internet. *A alternativa correta é a letra B.*

ICMS-RS/ (FAURGS)

28.

A forma como a alternativa B descreve não está errado, porém a banca (?) Diz na alternativa E, que uma pesquisa pode ser feita a partir de uma ou mais palavras, deixando claro a liberdade de escolha do usuário que poderá ser mais ou menos objetivo em sua busca. *A resposta correta é a letra E*. O atalho permite fazer uma busca por letras, palavras ou frases na página. Este atalho também funciona com o programa Adobe Acrobat Reader.

29.

Cache é a memória estática (SRAM) encontrada por exemplo em placas-mãe e dentro de processadores. DRAM ou memória dinâmica é a memória comumente chamada de principal ou primária. EEPROM, é um dos vários tipos de ROM que existe. Esta (dentre outras características) é a que podemos apagar eletricamente e regravar depois. Flash é uma evolução da EEPROM. *A alternativa correta é a letra B*.

30.

Compactação é um recurso de manutenção e organização de dados que permite diminuir o tamanho de arquivos. Pode até ser usado para proteção, mas na questão, a banca não deixou claro o uso de senha para criptografia. Fire wire ou Firewire é uma porta de comunicação que pode ser encontrada em placas-mãe ou adaptadoras que permite a entrada e saída de dados. É muito usada para vídeo-edição. USB é uma outra opção de porta que permite também a entrada e saída de dados, porém fora desenvolvida para uso geral. *A resposta certa é a letra D*.

31.

Como todo o tráfego deve ser controlado pelo processador (CPU ou UCP) poderemos eliminar as alternativas C, D e E por não apresentarem a CPU como segundo passo após o disco rígido. Os dados que vêm do disco rígido ou de um periférico de entrada serão devidamente endereçados pela CPU até a memória onde ficará até uma segunda ordem e poderá ser novamente armazenado em disco (no caso de alteração) ou seguir para um periférico de saída. *B é a resposta certa*.

32.

Para implantar uma intranet não precisamos obrigatoriamente de uma VPN, mas pelo tunelamento da VPN pode-se unir duas ou mais intranets fisicamente distantes. *Letra C é a resposta*. SGBD é a Sigla para Sistema Gerenciador de Banco de Dados, um programa que permite a manipulação de tabelas com facilidades e recursos. Exemplos, ORACLE, SQLServer, Access, etc.; O FTP é o protocolo pertencente à família TCP/IP que se encarrega da transferência de Arquivos; É através do sistema DNS que ocorrem as resoluções entre IP's e nomes de domínios.

33.
A letra A não haveria de ser, pois vimos do que se trata na questão anterior. Cache Web é tudo que é baixado ao acessarmos informações na Web. Anti-Spam é qualquer técnica utilizada para evitar o recebimento de propagandas e outros documentos indesejáveis. Filtro de conteúdo é uma forma de evitar que páginas com conteúdo impróprio sejam carregadas. O Proxy é um tipo de gateway que armazena as páginas consultadas pela rede, o que permite um fácil acesso aos demais computadores sem a necessidade de acesso externo. *A resposta certa é a letra E.*

AFT (ESAF)

34.
Afirmativa I - Certa: O barramento USB permite até 127 dispositivos conectados simultaneamente.
Afirmativa II - Certa: Driver é o nome dado ao programa encarregado de controlar dispositivos físicos.
Afirmativa III - Errada: A ordem hierárquica das memórias, da mais rápida para a mais lenta seria: Registradores; Cache e Memória Principal.
Afirmativa IV - Errada: O sentido de "aleatório" é o mesmo que ramdômico, ou seja, a memória pode receber e descartar informações. *A resposta certa é a letra E.*

35.
Uma vez que o disco possui cotas de utilização, não será possível gravar dados adicionais além da quantidade limite determinada. A primeira afirmativa é falsa. O NTFS é um sistema de arquivos que permite cotas de disco, compactação e controle de permissão de acesso a arquivos e pastas, embora não seja o único sistema de arquivos com estes recursos... no Windows é único. A afirmativa II está correta. O arquivo "pagefile.sys" é o arquivo de paginação criado pelo sistema operacional para memória virtual e seu tamanho é aproximadamente 1,5 vezes a quantidade de memória instalada. A alternativa III está certa. Como o nome já diz, o backup diário é responsável pela cópia dos dados modificados ou criados na data em que se está fazendo backup, onde os arquivos serão marcados como copiados. A alternativa IV está errada e *a resposta certa é a letra C.*

36.
Um software livre além de ser gratuito permite que suas funcionalidades sejam exploradas, pois o seu código-fonte encontra-se normalmente disponível. A primeira afirmativa é falsa. HTML (HyperText Mark-up Language) é a linguagem básica para que páginas web sejam acessadas por qualquer browser. A afirmativa II está correta. Um roteador seria o componente de rede que possui as características descritas na afirmativa III e não um servidor DNS. A última afirmativa está correta. *Letra D.*

37.
A assinatura digital garante a autenticidade e não a confidencialidade. A primeira afirmativa está errada. O sistema simétrico de criptografia usa uma mesma chave tanto para a cifragem como para a decifragem. O sistema assimétrico também conhecido como algoritmo de chave pública e privada, é que opera com duas chaves criptográficas. Errada também, a afirmativa II. A camada de transporte funciona basicamente com TCP e UDP, onde o UDP é de fato o protocolo não orientado à conexão e que não garante a entrega de pacotes. O servidor de DNS (que utiliza a porta 53) é encarregado de resolver nomes, ou seja, procurar por IP's que correspondam aos domínios digitados nos computadores clientes. *A letra B é a correta.*

AFRF (ESAF)

38.
Os registradores são memórias que ocupam o topo da escala de performance, em outras palavras, os registradores são mais rápidos do que as caches e estas são mais rápidas do que a memória primária que por sua vez é mais rápida do que o HD e outras mídias. O acesso aos dados na memória se dá de forma eletromagnética enquanto que aos dados contidos em discos dependem também de processos mecânicos, o que eleva bastante o tempo de acesso. As modernas fitas dat (e outras mais antigas) ainda são muito utilizadas em sistemas de backup. *A resposta é a letra D.*

39.
Arquivos batch (.BAT) são programas que antigamente eram criados (em padrão ASCII) e muito utilizados em DOS para executar pequenas rotinas. Não precisam de compilação para que funcionem, pois rodam diretamente como código aberto. Os arquivos batch executam tarefas em seqüência e podem inclusive possuir funções maliciosas. *Letra B.*

40.
O arquivo de paginação (onde situam-se os dados da memória virtual) é maior do que a memória primária. Seu tamanho está por volta de 1,5 vezes a capacidade total da memória DRAM ao passo que a primária é na verdade a soma dos dispositivos físicos de memória existentes (DRAM + SRAM + ROM). A arquitetura conhecida como 80x86 ou simplesmente x86 é a CISC não a RISC. Hoje, os processadores possuem as duas tecnologias. Registradores são memórias voláteis e como tal, armazenam dados apenas temporariamente. O Slot ISA opera com 8 ou 16 bits. *A resposta certa é a letra A.*

41.
Embora algumas das afirmações tenham de alguma forma a ver com as atividades dos sistemas operacionais, nenhuma delas se destaca como característica determinante. Esta é uma questão muito passível de recursos a meu ver, como temos que escolher

a que possui mais relevância dentre as inconsistentes e vagas opções apresentadas pela banca. Já que "gerência de memória" era o que estava em foco, *a alternativa E é a correta.*

42.

De forma objetiva, *a resposta certa é a letra D*, mas lembre-se de que "programa" é um termo genérico. No momento em que um programa X está sendo executado, poderão estar também em execução outros programas menores que poderão ser chamados de processos. Estes processos são aplicativos que compõem o programa X de forma indispensável.

43.

Um processo que ainda não foi atribuído a um processador é conhecido como estado pronto! Cuidado com aquilo que parece ser óbvio. *A resposta certa é a letra C.* Existem 5 tipos de processos: Novo, pronto, em execução, em espera e encerrado. O "novo" é aquilo que está em criação; Em espera é o estado de "Stand By" – aguardando um evento ou uma requisição de I/O; Os outros processos são mais intuitivos e não criam tanta dúvida.

44.

Sistema Distribuído é aquele que roda de forma local em um conjunto de servidores (mas com acesso individual de memória) dando a impressão de ser apenas uma única máquina para os usuários, mas que na verdade cada uma UCP trabalha simultaneamente para várias requisições. As duas primeiras alternativas estão erradas! *A resposta é a letra C.*

45.

O deadlock ocorre quando múltiplos processos sincronizados precisam dividir a atenção do processador ao mesmo tempo. *Esta é a resposta certa. Letra A.* Pipeline é um conjunto de dispositivos que trabalham em grupo. Wait State é como chamamos o estado de espera que o processador fica quando aguarda o término das operações que ocorrem na memória. Uma interrupção ocorre quando um periférico (teclado, mouse, impressora, leitor ótico, etc...) precisa de atenção do processador, ele interrompe, ou seja, ele pede atenção.

46.

O DNS, como sabemos, é o sistema usado para resolução de nomes e funciona de forma hierárquica (dentro da estrutura Cliente/Servidor) e de forma distribuída, pois muitos destes servidores, dentro de uma empresa, funcionam como se fossem apenas um. O FTP é o protocolo encarregado pela transferência de arquivos permitindo também a troca de nome, exclusão, cópia etc. O TCP não atua diretamente com correio eletrônico. O HTTP é o protocolo que permite a abertura e navegação em sites da Web, sendo por este motivo, indispensável para o acesso às informações. O protocolo TELNET permite que operemos um computador distante (em uma área remota) seja operado como se estivéssemos nele. *A resposta é a letra B.*

47.
Proteger computadores e redes contra acessos indevidos é missão do Firewall. *Letra C.*

48.
Kerberos é um protocolo de segurança que faz uso de chave privada (secreta) projetado para Windows 2000 e versões superiores e compatível com outros tipos de sistemas operacionais. Para versões anteriores a Windows2000, utiliza-se o protocolo NTLM. Já os protocolos SSL e TLS, que atuam amplamente na Internet para transações que requerem autenticação, operam baseados em chave pública. *A resposta é a letra E.*

49.
O registro de eventos nada mais é do que a documentação (log) dos fatos que ocorrem, é pois, um meio de obter informações quanto a segurança e acessos. Um cavalo de tróia (Trojan Horse) pode ser usado para corromper dados, destruir informações, espalhar malwares e invadir computadores. Quando usado objetivamente para burlar defesas, pode ser caracterizado como ataque, porém não é esta a sua principal característica, e sim, a de disfarçar ou esconder programas mal intencionados. O protocolo DHCP é usado para atribuir endereços IP dinamicamente e não atua com intenções de defesa. *Letra D.*

50.
O backup é uma técnica preventiva de falhas, não sendo então cabível quando a banca pergunta sobre "tolerância", uma vez que isto incita-nos a pensar em algo que supere as dificuldades logo que elas ocorrem. A tecnologia que pode suportar e fazer com que os sistemas continuem a funcionar é o RAID, porém, dentre os tipos 3, 4 e 5 de RAID, apenas o último permite que a paridade seja distribuída ao longo das unidades de disco. *Letra B.*

AF - Fortaleza (ESAF)

51.
O comando PING serve para verificar se um determinado equipamento encontra-se disponível na rede através do envio de pacotes ICMP que retornarão dados estatísticos sobre o endereço IP correspondente. Como o site não estava acessível por meio de um navegador, mas foi encontrado pela ferramenta "ping", podemos eliminar as alternativas A e B, que afirmam que a máquina está desligada, pois os quatro pacotes de teste retornaram sem perdas. Um pacote de Internet possui um tempo limite de vida (time to live ou TTL), porém quando este tempo é atingido há uma mensagem de aviso dizendo

que o tempo limite foi esgotado e como isto não foi exibido, a alternativa E está eliminada também. O equipamento que resolve nomes na Internet não é o servidor HTTP e sim o servidor DNS. *A resposta é a letra C.*

52.
Arquivos são mapeados na memória e no disco rígido, logo, em dispositivos físicos e não lógicos. Um arquivo objeto é um arquivo intermediário no processo de compilação. É gerado a partir do código fonte e equivale à etapa anterior a linkedição, com isto, eliminamos as alternativas I e IV. São várias as etapas que compõem o processo de criação de arquivos, embora na afirmativa II a banca tenha simplificado para duas basicamente. Acesso seqüencial é aquele em que os dados são acessados de forma ordenada onde é impossível ler os dados fora da seqüência em que foram gravados. *Letra B.*

53.
Para iniciar uma operação de tabela (transação), utiliza-se em um sistema gerenciador de banco de dados o comando "BEGIN TRANSACTION" onde as alterações somente serão efetuadas caso o comando "COMMIT TRANSACTION" seja encontrado. Este fará com que as alterações sejam escritas em disco enquanto o comando "ROLLBACK TRANSACTION" anula as modificações restaurando os valores anteriores. *A única alternativa verdadeira é a D.*

54.
Se a cada uma semana ou um mês ou outra periodicidade qualquer for feito o "Backup normal" (cópia completa) dos dados de uma empresa, pode-se então adotar o "Backup incremental", que apenas copia o que foi criado ou modificado após o normal, mas não copia informações na memória como a letra D afirma. Vale ressaltar que somente Backups incrementais não restauram totalmente a informação, pois estes devem ser restaurados após a recuperação do Backup normal. Isto nos permite eliminar as alternativas B e C. O "Backup diário" faz basicamente a mesma coisa que o incremental, diferenciando-se apenas em um ponto, pois o diário pega aquilo que foi criado ou modificado no dia em que o próprio Backup diário é realizado, já o incremental independe do dia. Ambos são métodos que marcam os arquivos copiados de forma a excluí-los da lista de pendências (lista de arquivos não copiados). A alternativa E usa a palavra "lidos" onde o certo seria "alterados" ou "modificados". *A alternativa certa é a letra A.*

AFRF (ESAF)

55.
O chanfro serve como um delimitador para o encaixe de placas, porém dispositivos PCI 32 ou PCI 64 são plug-and-play e o número 32 ou 64 diz respeito ao funcionamento em

bits não tendo, pois, ligação com o número de vias (pinos). Errada. Na afirmativa II podemos dizer que uma placa AGP no modo DMA (Acesso Direto à Memória) as texturas e o "elemento Z" podem ser armazenados tanto na RAM da placa-mãe quanto na RAM da placa de vídeo. Certa. A afirmativa III diz respeito ao DDC (Display Data Channel) um sistema que permite o controle do monitor onde as características do mesmo são fornecidas para o subsistema gráfico, que utiliza os dados para configurar a tela. Certa. Na afirmativa IV, o correto seria dizer que: A resolução e o número de cores são proporcionais à quantidade de memória de vídeo e não a memória e resolução proporcionais ao número de cores. Outro problema nesta afirmativa é que o aumento da resolução não implica em um maior número de cores, pois são configurações distintas. Para aumentar o número de cores a placa de vídeo necessita de mais memória. Errada - *Resposta: Letra B.*

56.
O Kernel é o nome que recebe o "miolo" de um sistema operacional. Trata-se de um conjunto de rotinas que lida com o hardware servindo de interface para o usuário. *A alternativa D é a certa.*

57.
A alternativa A está correta e dispensa comentários. Alternativa B: Para saber a identificação de um computador utiliza-se o item Sistema. Alternativa C: Para configurar uma rede ou conectar-se à Internet deve-se utilizar Conexões de rede. Alternativa D: A inversão dos botões do mouse é feita pelo item Mouse. Alternativa E: Problemas de hardware podem ser solucionados através do Gerenciador de dispositivos acessível pela alça Hardware do item Sistema. Não existe "Soluções de Hardware" no Painel de controle do Windows.

58.
Afirmativa I – Certa: Método usado por criminosos para desfarçar um IP (sem autorização de acesso) por outro.
Afirmativa II – Errada: NAT (Network Address Translation) ou masquerading. É uma técnica que permite utilizar um equipamento para compartilhar a Internet aos outros computadores de uma rede local.
Afirmativa III – Certa: Syn Flooding é uma forma de causar uma inundação de requisições sobre um servidor de forma a sobrecarrega-lo e assim, causando a negação de serviços.
Afirmativa IV – Errada: Bastion Host é como chamamos qualquer equipamento que exerça a função de defesa de uma rede.
Letra D.

59.
Afirmativa I – Errada: O Intrusion Detection System é um programa (ou um conjunto de programas) que tem como principal objetivo identificar as tentativas de invasão às redes.

Afirmativa II – Certa: Uma VPN (Virtual Private Network) é uma rede privada que criptografa o envio e o recebimento de dados nas "extremidades" do túnel (tunneling). Utiliza a internet (rede pública) como meio de interligação. Afirmativa III – Errada: Bloqueando o tráfego HTTP os usuários não poderão acessar sites sem certificação de segurança, mas bloqueando os protocolos SMTP e POP não será possível acessar servidores de e-mail. Afirmativa IV – Certa: A alternativa resume bem as funções do firewall. *Letra E.*

60.

Afirmativa I – Errada: Em primeiro lugar, tanto no modelo OSI como no TCP, a camada responsável pelo endereçamento de pacotes, convertendo endereços lógicos em físicos é a camada de Rede. Em segundo lugar é a camada de Sessão que estabelece sessões de comunicação onde as chamadas "marcações" ocorrem, permitindo que dados voltem a ser transmitidos em caso de queda de conexão.

Afirmativa II – Errada: Fazer uso de uma máquina à distância (acesso remoto) é o que permite o protocolo TELNET e não o SMTP. Outro protocolo muito usado atualmente é o SSH (Secure Shell), uma versão de Telnet, porém mais segura.

Afirmativa III – Certa: Apesar de não concordar com o "particularmente importante" usado pela banca não há outra alternativa mediante as anteriores estarem gravemente erradas. O servidor DNS é responsável pela tradução de endereços IP tanto na conversão de domínios de e-mail quanto na navegação de páginas.

Afirmativa IV – Certa: O download e upload de arquivos pode ser gerenciado diretamente pelo sistema operacional como também por aplicativos específicos. De ambas as formas, o protocolo FTP é o responsável pelas transferências. *Letra C.*

61.

Afirmativa I – Certa: Existem dois tipos de cabeamento par trançado: Direto e Crossover. O direto liga computadores ao hub enquanto que o crossover liga diretamente dois adaptadores de rede ou dois hubs.

Afirmativa II – Certa: Obs: SSL significa Secure Socket Layer e seria a camada de conexão segura – uma técnica disponibilizada atualmente em transações em rede que necessitam de segurança. O ideal seria SSLP, pois esta é a sigla de Secure Socket Layer Protocol, porém considera-se SSL como se fosse a mesma coisa.

Afirmativa III – Errada: DMZ (Demilitarized Zone) ou área desmilitarizada é onde ocorre menos (ou nenhuma) ação de defesa quanto ao controle do que entra e sai da rede interna. Em uma NAT, o host de compartilhamento de acesso à rede externa pode estar em uma DMZ.

Afirmativa IV – Errada: Bluetooth é uma tecnologia via freqüêcia de rádio para transmissão de dados entre dispositivos eletrônicos que atinge uma distância máxima de 100m. Existem três classes de bluetooth: classe 1 (alcance de até 100 m), classe 2 (alcance até 10 m) e classe 3 (alcance de 1 m). *Letra A.*

AFT (ESAF)

62.

Alternativa A: Parte do que é exibido no monitor é calculado pelo processador e enviado para a placa de vídeo tratar (finalizar) e enviar ao monitor de forma que este seja capaz de compreender. *A alternativa A está certa.* Alternativa B: A definição de driver está correta, mas um adaptador de vídeo é uma placa e como tal, um dispositivo físico (hardware) que precisa do driver (software) de vídeo adequado para funcionar. Alternativa C: Dot Pitch é a distância entre pontos de mesma cor exibidos na tela. Quanto menor esta distância, maior será a qualidade da imagem exibida. (consultar a parte de vídeo). Alternativa D: No momento em que dados relativos à imagem estão no adaptador significa que o processador já fez a sua parte inicial na geração de informações, só então é que o adaptador de vídeo será encarregado pela finalização do trabalho e envio destes para o tubo de imagens do monitor onde a imagem, em RGB, será formada e exibida para o usuário. Esta afirmativa não parece tão ruim! Mas devemos lembrar que o tubo de imagens já faz parte daquilo que chamamos "Periférico de Saída" e não "Interface" como diz na questão, pois interface é como chamamos o adaptador de vídeo. Alternativa E: O monitor de vídeo do tipo entrelaçado desenha em um ciclo de tela todas as linhas pares para que no próximo ciclo, todas as ímpares sejam desenhadas. Monitores não entrelaçados (Non Enterlaced) desenham todas as linhas (pares e ímpares) em um único ciclo, o que permite uma qualidade muito superior ao entrelaçado e não o contrário.

63.

Afirmativa I – Certa: O barramento AGP é exclusivo para placas de vídeo 3D.

Afirmativa II – Errada: Em um adaptador PCI as informações são armazenadas na memória RAM na própria placa de vídeo enquanto que em adaptadores AGP os dados podem ser armazenados também na memória RAM da placa-mãe.

Afirmativa III – Certa: Porém devemos levar em consideração que o barramento PCI opera também com outras velocidades, alcançando os 528MB/s.

Afirmativa IV – Errada: A afirmativa não está "tão errada", pois slots PCI são usados até hoje e possuem um bom desempenho quando comparados aos anteriores, porém em uma questão que comenta apenas sobre AGP e PCI, os méritos de velocidade e taxas de transferência devem ser do primeiro. Esta é uma questão típica de eliminação por falta de argumentos ou de clareza, tendo em vista que duas afirmativas (I e III) estão mais explicitamente certas. *Letra D.*

64.

Afirmativa I – Certa: Como vimos no capítulo sobre memória RAM, a memória DDR transfere dois dados por cada ciclo de clock e, por isso, opera duas vezes mais rápido que a SDRAM (anterior), mas atenção! A memória DDR é uma "evolução" da SDRAM e como tal, sua especificação completa é DDR SDRAM ou SDRAM DDR – diferente da

SDRAM comum.

Afirmativa II – Errada: De fato a memória cache (SDRAM) serve para intermediar a troca de dados entre o processador e a memória RAM principal (DRAM), mas funciona em uma velocidade muito superior que esta última.

Afirmativa III – Certa: O gabinete ATX diferentemente do AT possui controles eletrônicos que permite comandar parcialmente algumas funções de placas-mãe compatíveis.

Afirmativa IV – Errada: A memória EDO é um dos tipos de memória RAM dinâmica existente, porém de tecnologia (assíncrona) anterior a SDRAM (síncrona) e por isso, menos rápida. *Letra C.*

65.

Alternativa A: Apresenta as características básicas para que um sistema operacional seja atual e que ao mesmo tempo seja competitivo com o Windows. *Alternativa correta.*
Alternativa B: IIS é o sistema Microsoft de servidor Web e por isso não poderia ser uma característica Linux nem Unix. Além disso, páginas ASP são exclusivas de servidores Windows. Alternativa C: NTFS, FAT e FAT32 são usados pelos respectivos sistemas: Windows NT (XP, 2000 e 2003), Windows 95 e Windows 98. Alternativa D: Active Directory é uma complexa ferramenta Microsoft que armazena informações da rede e as disponibiliza para que usuários e administradores possam acessá-las. Alternativa E: Servidores DNS podem ser configurados em sistema Linux, mas WINS não, pois este é o sistema de servidor de nomes da Microsoft.

66.

Afirmativa I - Errada: Um software livre permite que seu código fonte seja alterado o que facilita sua adaptação às necessidades dos programadores e usuários.
Afirmativa II - Certa: O software pode ser utilizado tanto para uso doméstico como para uso corporativo e em qualquer área.
Afirmativa III - Errada: Um software livre pode ser doado, copiado ou vendido. Pode ainda ser modificado e distribuído. Afirmativa IV - Certa: Um usuário comum ou um distribuidor poderá cobrar ou não pelo programa que poderá vir acompanhado de manual, mídia (CD ou DVD), embalagem entre outros. *Letra E.*

67.

Alternativa A: O protocolo DNS utiliza os protocolos de transporte UDP (melhor desempenho) e o TCP para transferências. O DNS é responsável pela resolução de nomes de domínio convertendo-lhes em endereço IP. Não faz sentido utilizar SMTP, pois este é o protocolo de envio de mensagens de correio. Alternativa B: O protocolo SNMP é utilizado para gerenciar redes através de dados estatísticos de funcionamento. É comum que as questões tentem confundir o candidato com o protocolo SMTP. Alternativa C: ASP e HTML não são protocolos e sim linguagens utilizadas para criação de páginas de internet. Alternativa D: O protocolo POP é utilizado para baixar mensagens para o cliente fazendo uso do TCP para garantir a entrega de dados uma vez que o

UDP não é confiável. Alternativa E: Diferentemente do POP, o protocolo IMAP não copia o e-mail para o computador cliente. Ele exibe o cabeçalho da mensagem (remetente, assunto, data, etc.) ao usuário permitindo que este escolha o momento de baixar o e-mail ou apagá-lo. *Letra E.*

68.
Alternativa A: O Ping of Death (ou POD) é um ataque do tipo negação de serviço (ver DoS) que envia pacotes ICMP maior que 64 KBytes para uma máquina alvo. Como o sistema operacional não consegue compreender os pacotes, o computador acaba travando. *A alternativa A está correta.* Alternativa B: O chamado IP Spoofing é um ataque que disfarça o IP de um invasor afim de não identificá-lo. Alternativas C e D: Um programa cliente utiliza um programa servidor e não o contrário. Além disso, neste caso, as características descritas não seriam de um POD e sim de um BackDoor – programa que permite o acesso remoto a computadores pela abertura não autorizada de portas. Alternativa E: Programas que capturam pacotes na rede são chamados de Sniffers (farejadores) e são utilizados para revelar informações que estejam transitando entre as máquinas sem necessariamente alterar os pacotes.

69.
Alternativa A: Todo tráfego chega até o firewall que decidirá quais serão ou não autorizados. Alternativa B: A configuração "o que não for explicitamente proibido, é permitido" impede que acessos vindos de endereços cadastrados como perigosos ou não autorizados ocorram, porém isto não impede ataques de endereços desconhecidos. Alternativa C: O firewall quando configurado corretamente para permitir ou impedir acessos faz uso da porta e do protocolo usados, exemplo: 1234:udp. Alternativa D: Esta alternativa resume de forma rápida a função do firewall. *A letra D é a correta.* Alternativa E: Se o firewall não conseguisse realizar a conversão de endereços em uma NAT, seria necessário um firewall para cada equipamento ao invés de um único que controlasse toda a rede.

70.
Alternativa A: A expressão AND obriga que ambas as palavras estejam presentes e não pelo menos uma. Alternativa B: Quando a expressão for OR, o resultado poderá ser uma, outra ou ambas as palavras e não "somente" uma. Alternativa C e D: O termo NOT impede que sejam encontradas informações com a segunda palavra, ou seja, "que tenha a primeira, mas que NÃO tenha a segunda". *A letra C está certa.* Alternativa E dispensa comentários.

AFRE-MG (ESAF)

71.

Afirmativa I - Certa: Gerenciadores de correio como o Outlook podem ser configurados para apagar do servidor as mensagens entregues ao computador cliente, embora isto possa ser configurado para que não ocorra.

Afirmativa II - Errada: Plug-ins são pequenos programas que facilitam a execução de tarefas. São programas "quebra-galho" que permitem dentre outras coisas a execução de rotinas, abertura de arquivos e aperfeiçoamento de funções. Um bom exemplo de plug-in é o Adobe Acrobat Reader, uma versão gratuita e reduzida que pode ser baixada da Internet para abrir documentos portáteis (PDF) sem a necessidade de adquirir o programa completo.

Afirmativa III - Certa: A intranet utiliza o protocolo TCP/IP e funciona com as mesmas características da internet e respeita os mesmos princípios e hierarquias, mas é acessível apenas para os membros de uma organização ou pessoas autorizadas por esta de forma que usuários comuns da Internet não podem acessar.

Afirmativa IV - Errada: URL é a sigla de Localizador Uniforme de Recursos. A forma mais técnica de dizer "Endereço de internet". Exemplo: "http://www.wagnerbarros.com/download/apostilas/glossario.pdf" - onde o recurso acessível neste caso será um glossário em formato PDF, mas poderia ser "http://www2.wagnerbarros.com" - um cronograma em formato HTML. Já um diretório FTP (Protocolo de Transferência de Arquivo) é uma área em que arquivos ficam disponíveis para baixar. Exemplo: ftp://ftp.slackware-brasil.com.br/ - ao invés do transporte de páginas (http). *Letra D.*

72.

Alternativa A: Dial-up significa "discagem" ou seja, utiliza a linha telefônica como meio de conexão. Alternativa B: Um servidor Gateway é apenas um computador que serve como rota de fuga para uma rede externa. Um exemplo comum de uso ocorre quando usuários de uma LAN acessam à uma rede WAN. O equipamento que permite a passagem de dados para uma rede externa e dela para a rede interna é o gateway. Alternativa C: HTML não é um protocolo e sim um formato de arquivo para páginas de Internet. É muito comum confundir HTML com HTTP. Alternativa D: O protocolo de transferência de hipertexto, pode conter texto, áudio ou imagens.*A opção D é a correta.* Alternativa E: Cookies não são vírus, são arquivos que guardam informações do usuário que acessa páginas na internet e pode armazenar informações preferenciais do usuário, bem como nome de usuário e senha. Arquivos Cookies podem ser apagados a qualquer momento do disco rígido através da seqüência "Opções de Internet" - acessível pelo Painel de controle ou pelo menu Ferramentas do Internet Explorer.

73.
Afirmativa I - Errada: Sem o protocolo TCP/IP instalado não se pode acessar à Internet. Afirmativa II - Certa: Como fora comentado na questão 26, o protocolo de transferência funciona para o envio e recebimento de arquivos entre um computador cliente (solicitante) e um servidor (solicitado). Afirmativa III – Errada: O protocolo de acesso de mensagens de fato é utilizado para atravessar a correspondência eletrônica entre o cliente e seu servidor, mas o envio deste para o servidor de destino só será possível com o uso de outro protocolo, o SMTP, usado para transferir mensagens entre servidores (origem-destino). Afirmativa IV - Certa: Uma rede virtual privada existe para interligar intranets utilizando criptografia e decriptografia em suas extremidades. O protocolo usado é o PPTP (Point To Point Tunneling Protocol). *Letra E.*

74.
Alternativa A: Confiabilidade é a garantia de que os sistemas funcionarão conforme esperado. Alternativa B: Integridade é a garantia de que as informações não sofrerão modificação durante a transferência. *A letra B é a resposta certa.* Alternativa C: Autenticidade é a garantia de que um determinada entidade (pessoa ou empresa) é quem diz ser. Alternativa D: Refere-se à confiabilidade e não integridade. Alternativa E: Privacidade seria a resposta correta para esta alternativa.

75.
Alternativa A: Memórias RAM e ROM são chips e nada tem a ver com CD's ou discos rígidos. Alternativa B: *Esta alternativa está correta e mostra a diferença clássica entre a RAM e a ROM.* Alternativa C: A memória RAM pode ser dividida primeiramente em Estática (memória cache) e Dinâmica (memória principal). Mas uma vez a banca tenta envolver a questão com disco rígido afim de confundir o candidato. Alternativa D: O BIOS é um firmware (programa gravado em ROM) e muitas vezes é confundido com ROM-Bios, memória ROM que armazena o BIOS. Alternativa E: Como são chips (hardware) não poderiam ser arquivos nem programas utilitários (software).

Analista Judiciário (TRE)-SP (FCC)

76.
O modelo OSI opera com sete camadas. São elas: Física – Enlace – Rede – Transporte – Sessão – Apresentação e Aplicação. A camada que se encontra entre a de Rede e Sessão é a de Transporte. *Alternativa A é a resposta.*

77.
É a camada de Enlace (ligação) que comunica a camada Física (bits) com a camada de Rede (IP). *Letra D.*

78.
Alternativa A: O protocolo TCP assim como o UDP pertence à camada de transporte enquanto que o IP e o ICMP pertencem à camada de rede. Alternativa B: O DNS pertence à camada de aplicação que no modelo TCP localiza-se acima da camada de transporte onde se encontram os protocolos TCP e UDP. *A alternativa B está certa.* Alternativa C: UDP e TCP pertencem à camada de transporte – DNS pertence à camada de aplicação e IP pertence à camada de rede. Alternativa D: A camada de transporte está abaixo da camada de aplicação. Alternativa E: Os protocolos DHCP e DNS pertencem à camada de aplicação.

79.
Alternativa A: O PPP é o protocolo básico para ser usado entre um cliente e um provedor de Internet. Alternativa B: DHCP é o protocolo que configura IP's dinamicamente. Alternativa C: SSL é o protocolo usado para acessar páginas seguras. Alternativa D: O ICMP é o protocolo que envia mensagens de erro caso ocorram. *Esta é a alternativa certa.* Alternativa E: O TCP é o protocolo de controle de transmissão e muitas vezes citado como grupo ou família de protocolos.

80.
Alternativa A: O FDDI é um padrão de rede de fibra ótica que utiliza cabeamento duplo e topologia anel. É usado em LAN's mas pode atingir 200KM e sua velocidade de transmissão é de 100Mbps. *A resposta é a letra A.* Alternativa B: O padrão 100Base2 é usado para cabo coaxial que transmite à velocidade de 100Mbps até 200 metros. Alternativa C: O padrão UDDI funciona com as mesmas características do FDDI, porém esta tecnologia foi desenvolvida para cabos par trançado com e sem blindagem. Alternativa D: O padrão 10Base2 diferencia-se do 100Base2 por permitir uma taxa de transferência de 10Mbps ao invés de 100Mbps. Alternativa E: Twisted pair significa Par trançado.

81.
Alternativa A: Quadros é como chamamos as unidades de informação na camada de ligação. Alternativa B: Datagrama é o nome da unidade de informação na camada de rede. Alternativa C: Em redes de computadores e telecomunicações em geral, a sigla QoS significa Qualidade de Serviço e funciona como um regulador fornecendo dados estatísticos entre um ponto de origem e outro de destino. Alternativa D: Slowpacks significa pacotes lentos e nada tem a ver com a transmissão ATM. Alternativa E: Célula é a unidade de transmissão de dados em redes ATM (cell-based). *Letra E.*

82.
Por ser orientada a conexão os pacotes são entregues em ordem. Estrutura em árvore diz respeito a topologia e não a unidade de transmissão. A Frame Relay transfere dados em rajadas e por isso seus pacotes não poderiam ser subdivididos em células como em redes ATM nem mesclados com datagramas. *A resposta é a letra C.*

83.
Uma RFC é o mesmo que um regulamento. Na Internet todos os protocolos possuem padronização de funcionamento e encontram-se documentados em RFC's que são códigos numéricos usados para catalogá-los. Mesmo que o candidato não soubesse de cabeça do que se trata o RFC 1661, bastaria que ele prestasse atenção ao enunciado que diz: "cuidar do tráfego entre um usuário doméstico e um provedor". *A resposta é a letra A.*

84.
No capítulo deste livro sobre cabos de rede podemos consultar todos os modelos mencionados nesta questão. *A resposta certa é a letra B*, representada pelo cabo 10BaseF ("10" = 10Mbps / "F" = Fibra).

85.
Assim como na questão anterior, poderemos consultar o capítulo de cabos e ver que a letra "T" significa Twister Pair o mesmo que Par trançado. *A resposta é a letra D.*

86.
Token Ring consiste em uma topologia em anel onde o usuário deve esperar por uma permissão (token) para enviar dados aos outros computadores da rede. *Letra E.*

87.
Alternatia A: O SCAM é um modo fraudulento que visa ganhos financeiros e assim atrai pessoas. Alternativa B: SSL é o protocolo que garante conexões seguras pela Internet. *A resposta é a letra B.* Alternativa C: PHISHING é como chamamos as mensagens falsas de bancos e órgãos públicos que instalam programas maliciosos nos computadores de usuários desavisados. Alternativa D: KEYLOGGER é qualquer tipo de programa que captura as teclas digitadas pelo usuário e envia para um espião secretamente. Versões mais novas registram também os cliques do mouse e capturam a tela. Alternativa E: Até o presente momento não sei o que é ou significa "3RES".

88.
A VPN é uma forma de comunicar redes distantes fazendo uso de criptografia e decriptografia. Pode funcionar através de qualquer tipo de rede que opere com o protocolo TCP/IP (ATM, Frame Relay, DSL, ISDN, Dial-up, Rádio, Cabo, etc.) *A alternativa correta é letra A.*

89.
Alternativa A: ADSL (Asymmetric Digital Subscriber Line) ou Linha Digital Assimétrica de Assinante é o serviço de Internet banda larga oferecido por empresas de telefonia e por isso utilizando a mesma estrutura da linha telefônica (postes, fios, conectores, etc). Alternativa B: CDN (Content Delivery Network) ou Rede de Fornecimento de

Conteúdo é o nome que se dá ao conjunto de computadores na Internet que permite o download de arquivos de mídia para usuários comuns. Por serem grandes, estes arquivos são encontrados em vários pontos da rede o que promove maior disponibilidade. Alternativa C: Um servidor proxy (representante) é o computador que armazena dados relativos à páginas de Internet e exerce função de proteção. *A letra C é a correta.* Alternativa D: ISP é a sigla de Internet Service Provider, o mesmo que provedor de Internet. Alternativa E: Modem (Modulador Demodulador) é o equipamento que transforma o sinal analógico em digital e vice-versa.

AFPS (ESAF)

90.

Alternativa A: Uma URL (endereço) iniciada por "http://" destina-se a abrir páginas, pois este é o protocolo encarregado de transportar páginas (hipertexto). *A alternativa A é correta.* Alternativa B: Esta é uma daquelas questões que confunde o candidato por citar diversas coisas diferentes ao mesmo tempo. Primeiramente um navegador é um programa que acessa sites da Internet (Internet Explorer, Netscape Navigator, Lynx, Mozilla Firefox, Opera e outros) enquanto que um servidor pode ser tanto um programa como um computador. Por exemplo: um software capaz de administrar as mensagens de correio eletrônico de uma rede é chamado de Servidor de E-mail e o computador que possui este software também é um servidor. Considerando qualquer um destes dois casos a questão estaria errada, pois não há da parte do servidor (software ou hardware) qualquer pergunta quanto ao que se deseja navegar. Alternativa C: Página estática é aquela criada em HTML e armazenada em um servidor WEB à disposição de quem acessar. Exemplo: Site de fotos. Uma página dinâmica, porém, é aquela criada imediatamente quando um usuário solicita determinadas informações. Uma vez criada, esta é então enviada ao computador cliente, isso ocorre por exemplo em uma página de compras que mostra os produtos colocados no "carrinho" e apresenta o total a ser pago. A afirmativa C está dizendo exatamente o contrário do que seriam páginas estáticas e dinâmicas. Alternativa D: Uma página dinâmica não é produzida em HTML, pois para tal existem linguagens de programação específicas como ASP e PHP. Outro erro sobre página dinâmica está no trecho: "o servidor apenas copia o arquivo e envia ao navegador", quando já sabemos que na verdade a página dinâmica é criada em tempo real e enviada ao computador do usuário. Alternativa E: Não há qualquer exigência quanto a versão de ASP, pois um servidor Windows executá-las-á incondicionalmente enviando o resultado ao cliente sempre de forma compatível.

91.

Quando uma pessoa ou empresa registra um domínio, ela procura uma autoridade de Internet. Existem várias autoridades espalhadas pelo mundo além de empresas autorizadas para representá-las. Nesta questão pode-se ver que o domínio tem o sufixo

".br" o que significa que a autoridade de registro é no Brasil. Uma vez configurado o domínio "passaro.com.br" a própria empresa fictícia poderá administrar os servidores correspondentes ou contratar uma outra empresa (empresa de hospedagem). Os endereços iniciados por "www" correspondem a servidores primários que atendem às requisições de abertura de páginas feitas pelos usuários enquanto que endereços "www2" correspondem a servidores secundários, ou seja, páginas que pertencem à mesma empresa, mas com informações diferenciadas. Um exemplo disso é o meu site: www.wagnerbarros.com que é atendido por um servidor padrão enquanto www2.wagnerbarros.com por um secundário. Vamos às alternativas:

Alternativa A: A autoridade de Internet não tem nenhuma responsabilidade com o registro de endereços IP relacionados a esses dois servidores. A empresa fictícia poderá contratar uma empresa de hospedagem ou cuidar ela mesma desta responsabilidade.
Alternativa B: Para cada servidor será necessário um endereço de IP diferente e como já foi dito, a autoridade de Internet não tem nenhuma participação nestas configurações.
Alternativa C: Para que a empresa envie e receba mensagens de correio eletrônico usando o domínio "passaro.com.br", todos os servidores deverão ser definidos (por uma empresa de hospedagem ou pela empresa fictícia) desta forma, as mensagens encaminhadas ao domínio serão direcionadas para os seus respectivos endereços IP.
Alternativa D: Considerando que a empresa fictícia seja a responsável pela hospedagem e configuração de seus servidores, ela deverá especificar no servidor DNS os endereços IP correspondentes a cada um. Uma vez registrado o domínio "passaro.com.br", todos os servidores que farão uso dele (www, www2, smtp e pop) deverão ser configurados individualmente, não sendo necessário registrar um domínio para cada servidor. *Esta é a alternativa correta.*
Alternativa E: Como já foi explicado, não há necessidade de registrar individualmente domínios para os servidores www e www2.

92.

Alternativa A: O endereço IP chamado de "endereço único" é o endereço fornecido por um ISP (provedor), sendo assim, contas de e-mail não são vinculadas a estes endereços e sim ao endereço IP do servidor de correio. Alternativa B: De acordo com a explicação da alternativa A esta dispensa comentários. Alternativa C: *Alternativa certa.* O software de e-mail no servidor remetente (smtp) utiliza a segunda parte do endereço ("passaro.com.br") para enviar a mensagem ao servidor de destino (pop) correspondente. Uma vez entregue, a mensagem será acessada pelo destinatário quando o login ("bemtivi") e respectiva senha forem autenticados pelo software de e-mail no computador de destino. Alternativa D: Repetindo o comentário da alternativa A, endereços de e-mail não são vinculados aos IP's dos computadores e sim aos IP's dos servidores de correio. Alternativa E: O espaço a ser ocupado por mensagens de e-mail em um servidor é variável de acordo com a preferência ou necessidade da empresa. Além disso, o número de contas não está vinculado ao espaço em disco.

93.
Alternativa A: A responsabilidade de rotear os dados entre origem e destino está no roteador (camada de rede) e não no protocolo TCP (camada de transporte). Alternativa B: O UDP é na verdade uma continuação ou extensão do protocolo IP e sendo assim, não possui qualquer responsabilidade de entrega (não orientado). Alternativa C: *Afirmativa correta.* Alternativa D: X.25 é um tipo de protocolo e rede que pode ser instalada por empresas de telecomunicação. Para que a alternativa D estivesse correta, a palavra a ser usada no lugar de X.25 deveria ser "dial-up". Alternativa E: Ler comentário da alternativa B.

94.
Alternativa A: Confiabilidade é a garantia de equipamentos e sistemas desempenharão suas funções conforme esperado. Alternativa B: Integridade é a garantia de que informações não serão adulteradas durante a transmissão. Alternativa C: Ler comentários da alternativa A. Alternativa D: Autenticidade é a garantia de que uma determinada empresa ou pessoa física é verdadeiramente quem diz ser. Alternativa E: *Esta é a alternativa certa.*

95.
Alternativa A: Esta alternativa estaria certa se o conceito fosse autenticidade. Alternativa B: De acordo com o texto desta alternativa, o certo seria confiabilidade. Alternativa C: O texto não condiz com nenhum dos conceitos. Alternativa D: Esta seria a melhor resposta, pois confidenciabilidade é a garantia de que informações estarão em segredo (principal característica). *A letra D é a correta.* Alternativa E: O texto não condiz com nenhum dos conceitos.

96.
Alternativa A: Um IDS pode ser de três tipos básicos: "host based", "Network based" e "hibrido". O IDS host based é aquele instalado em um computador para monitorar qualquer tentativa de acesso não autorizados a ele. Alternativa B: *Esta afirmativa está certa*, porém é bom enfatizar que a máquina que receberá a instalação do IDS não precisa ser um servidor. A banca usou apenas um exemplo. Alternativa C: É o IDS do tipo network based que analisa os dados que circulam na rede em busca de pacotes ilegítimos e não o host based. Alternativa D: Um IDS passivo é aquele que emite alarmes enquanto que um IDS ativo (além de alertar) toma providências para que a conexão seja interrompida. Em qualquer um dos casos há interferência de desempenho. Alternativa E: O mesmo que a alternativa C.

97.
A função da memória cache é armazenar os dados da memória DRAM de forma intermediária para que a CPU encontre os dados que precisa mais fácil e rapidamente. *A resposta certa é a alternativa D.*

98.

Alternativa A: A inversão dos cabos impossibilitaria o encaixe uma vez que os conectores são diferentes. Alternativa B: A não instalação do driver ou a instalação de um driver incorreto seria a melhor alternativa a ser escolhida. *Esta é a alternativa correta.* Um driver é o nome genérico de qualquer programa usado para controlar dispositivos físicos. Alternativa C: Um cabo USB é obviamente incompatível com o conector DB25 para cabo paralelo. Alternativa D: A alimentação errada danificaria o equipamento. Alternativa E: Esta alternativa não está fora da realidade, mas não há qualquer menção sobre um segundo equipamento no enunciado. Se não houvesse a alternativa B, esta poderia ser a escolhida.

99.

Uma vez que o intervalo E1:E10 encontra-se com dados e um clique duplo é dado na alça de preenchimento (pequeno quadrado do canto inferior direito) da célula F1, o intervalo F2:F10 será preenchido com "fevereiro", "março", "abril", "maio", "junho", "julho", "agosto", "setembro" e "outubro". *A alternativa certa é a C.*

100.

Afirmativa I – Errada: O primeiro período da afirmativa está correto, mas no segundo aparece o erro no trecho: "As páginas ASP executam no cliente e não no servidor". Páginas ASP executam no servidor Windows e não no cliente e é justamente isso que aumenta o desempenho de aplicações.

Afirmativa II – Errada: Nesta afirmativa ocorre a mesma coisa (primeiro período certo e o segundo errado). Páginas HTML são páginas comuns, estáticas e executam no computador cliente. Em segundo lugar são as páginas ASP que podem criar as HTML e não o contrário.

Afirmativa III – Certa: Tempo de execução de um programa é o tempo que leva para que um programa seja carregado para a memória e executado, ou ainda, o tempo que leva para que suas funcionalidades estejam disponíveis e prontas para uso. Um programa interpretado é aquele que necessita de um programa secundário (interpretador) para ler seu conteúdo e executá-lo enquanto que um programa compilado independe de interpretadores e por isso tem sua execução mais rápida.

Afirmativa IV – Certa: ActiveX (ou Component Object Model) é o produto Microsoft desenvolvido para o Internet Explorer que permite incorporar propriedades multimedia (controles) no uso de páginas ASP atuando tanto no servidor como no cliente. O ActiveX vem sendo substituído devido ao surgimento da tecnologia ".NET". *Resposta: Letra E.*

101.

O backup incremental é aquele que permite gravar tudo aquilo que foi modificado ou criado após o último backup normal ou incremental. Uma vez realizado um destes dois métodos os arquivos serão marcados como "copiados" e assim não aparecerão na lista de pendências até que sofram novas alterações. Em outras palavras, o backup incremental copia arquivos que estejam diferentes ou criados após o último backup acrescentando uma marca que os isenta de serem copiados no próximo backup. *Alternativa A.*

AFTE-RN (ESAF)

102.
Afirmativa I – Certa: É a troca de informações entre os roteadores que torna possível a escolha da melhor rota.
Afirmativa II – Errada: Um endereço de e-mail deve conter o "@" enquanto que um endereço de acesso a uma página apresenta o "www" como mostrado no exemplo.
Afirmativa III – Certa: Download é o ato de descarregar ou baixar informações de servidores para um computador cliente e o Upload é o envio destas informações do computador cliente para servidores.
Afirmativa IV – Errada: A linguagem que se faz referência nesta afirmativa é a HTML.
Letra D.

103.
Afirmativa I – Errada: O formato MPEG (Moving Picture Experts Group) foi desenvolvido para comprimir arquivos de vídeo e não fotos, pois para tal existe o formato JPEG (Joint Photographic Experts Group).
Afirmativa II – Certa: A Internet2 ou UCAID (University Corporation for Advanced Internet Development) foi inaugurada em fevereiro de 1999 nos Estados Unidos. É uma rede extremamente rápida quando comparada à Internet convencional e foi criada para unir órgãos governamentais, universidades e instituições de saúde e pesquisa. No Rio de Janeiro funciona desde abril de 1999 atingindo taxas de transferência em torno de 150Mbps, embora tenha sido projetada para alcançar 10Gbps.
Afirmativa III – Errada: Host é qualquer equipamento capaz de trocar informações TCP/IP em uma rede (computadores, roteadores, impressoras, etc). Um host pode ser chamado de anfitrião ou hospedeiro.
Afirmativa IV – Certa: Um documento HTML é uma página de Internet que une imagens, áudios, vídeos e textos.
Letra E.

104.
Alternativa A: O protocolo de gerenciamento de rede simples (camada de aplicação) é responsável pela coleta de informações da rede gerando estatísticas para administração. *Esta é a correta.* Alternativa B: A questão estaria certa caso as palavras fossem trocadas de posição. Uma conexão TCP/IP é que pode utilizar um servidor DHCP. Alternativa C: O protocolo IP não é orientado à conexão e por isso não pode garantir que os pacotes cheguem a seu destino. Alternativa D: Em primeiro lugar o IP é que recebe o título de

mensageiro e em segundo, o FTP é um protocolo orientado a conexão (funciona sobre TCP). Alternativa E: Os protocolos FTP, SMTP, POP3 e HTTP são orientados à conexão, além disso, protocolos não orientados à conexão não podem garantir a entrega de pacotes e muito menos em ordem.

105.

Afirmativa I – Certa: O SSL é um protocolo que opera com criptografia simétrica (chave única) e assimétrica (chave particular e pública) permitindo transações confidenciais na rede.

Afirmativa II – Certa: São as autoridades de certificação que emitem certificados de segurança para as operações.

Afirmativa III – Errada: Uma VPN é uma rede privada que comunica intranets de caráter comercial não sendo prática para clientes domésticos devido as suas exigências de configuração e manutenção.

Afirmativa IV – Errada: A disponibilidade e a confiabilidade também fazem parte dos objetivos propostos nas técnicas de redundância de discos (RAID). É o sistema RAID 1 que se dedica a confiabilidade por meio de espelhamento (mirror), mas não está errado utilizar o termo integridade. O erro da afirmativa está em dizer que somente o sistema de espelhamento seria tolerante a falhas, uma vez que o RAID 3, 4 e 5 (que usam de paridade para garantir a integridade) também são.
Letra A.

106.

Afirmativa I – Certa: O barramento interno é aquele que liga os componentes internos de um processador, já um barramento externo é responsável pela conexão dos diversos periféricos conectados à placa mãe. O barramento USB é um dos tipos de barramento externo que suporta a tecnologia plug and play.

Afirmativa II – Errada: A tecnologia de raios infravermelhos nada tem a ver com a fibra ótica.

Afirmativa III – Certa: A praticidade na hora de conectar e desconectar dispositivos sem a necessidade de desligar ou reiniciar o computador é o que mais caracteriza a tecnologia plug and play. Uma única porta USB suporta até 127 dispositivos.

Afirmativa IV – Errada: Um pool de impressão é formado por impressoras iguais.
Letra D.

107.

Afirmativa I – Errada: Com certeza os drivers são importantes para que o hardware seja devidamente controlado, porém o sistema operacional é o software de maior importância.

Afirmativa II – Certa: Dispensa comentários.

Afirmativa III – Certa: Embora pudesse ser melhor desenvolvida, a afirmativa diz que o usuário é poupado de fazer determinados procedimentos de baixo nível (operações de hardware) porque o sistema operacional permite uma interface mais prática e amigável através do teclado e mouse. Afirmativa IV – Errada: Logo após a execução dos programas rotineiros gravados na memória ROM, o sistema operacional deverá ser iniciado antes de qualquer aplicação. *Letra B.*

108.
O backup normal é o primeiro a ser feito, pois pega todos os arquivos necessários à empresa. As informações que forem sendo criadas ou modificadas poderão ser copiadas por backup incremental ou diário. No caso de uma empresa adotar o sistema de backup normal todos os dias não seria necessário nenhum outro backup, embora o comum fosse fazer o diário ou o incremental periodicamente e um backup normal em intervalos maiores. *A resposta certa é a letra C.* O backup diferencial é similar ao incremental, mas ao contrário deste os arquivos não recebem a marca que os identifica como copiados. O uso deste procedimento não causa nenhum dano ao sistema de backup.

109.
Afirmativa I – Errada: Arquivos registrados são aqueles cujas extensões são reconhecidas e rastreadas pelo sistema. Afirmativa II – Certa: Compartilhar é tornar disponível para que outros possam acessar. Afirmativa III – Errada: Dizemos que um cluster é maior quando faz uso de um maior número de setores elevando conseqüentemente o desperdício de espaço do disco. Afirmativa IV – Certa: Uma unidade de alocação (divisões lógicas) pode ser formada por um ou mais setores (divisões físicas). *Letra E.*

AFRE-CE (ESAF)

110.
Afirmativa I - Certa: O chipset é basicamente representado pela ponte norte e sul. Chips que controlam o fluxo de dados da placa-mãe caracterizando-a pelo seu número de slots, velocidade, conexões e etc. Afirmativa II - Certa: Driver é o programa que tem por objetivo instalar, controlar e em alguns casos mover dispositivos físicos. Na informática há um driver para cada periférico (teclado, impressora, mouse, scanner, monitor de vídeo, câmera digital, web cam, drives de discos, etc.). Afirmativa III - Errada: A indicação "66" significa 66MBps além disso um HD SCSI não é compatível com IDE. Afirmativa IV - Errada: Existe o barramento de dados, endereços e instruções entre o processador e o controlador de memória. O certo seria usar o barramento de endereço e não o de dados. *Letra A.*

111.
Afirmativa I - Certa: O protocolo Kerberos autentica usuários na rede e criptografa (chave particular) o envio e recebimento de dados entre eles. Afirmativa II - Certa: O sistema de arquivos NTFS opcional nas versões Windows2000, XP, 2003, 2008 e Vista possui o recurso de compactação de dados. Afirmativa III - Errada: Quando um

computador é ligado o firmware POST é o primeiro a entrar em ação e não o Sistema Operacional. Afirmativa IV - Errada: O Samba é um software servidor para o sistema Linux e não Windows. Uma vez instalado no Linux, permite que este estabeleça comunicação com Windows.*Alternativa A.*

112.
Alternativa A: Validar a autoria é relativo ao conceito de autenticidade. Alternativa B: Quando uma mensagem não sofre alteração, significa que a mensagem está íntegra. *A letra B é a certa.* Alternativa C: Quando pessoas têm ou não autorização de acesso, trata-se de privacidade. Alternativa D: A criação de backups não pertence a mesma linha dos conceitos de segurança abordados e sim a recuperação de desastres. Alternativa E: Passar antivírus não caracteriza o conceito de integridade da informação, embora previna a contaminação dos sistemas e os mantêm funcionando corretamente.

113.
Afirmativa I - Errada: Para impedir ataques internos cada equipamento deverá ter o seu próprio sistema de defesa. Afirmativa II - Errada: Confidenciabilidade é a garantia de que informações serão mantidas em segredo e autenticidade é o que garante a autoria de informações. Afirmativa III - Certa: Criptografia assimétrica utiliza duas chaves (pública e particular) enquanto a simétrica utiliza apenas uma chave para os dois processos. Afirmativa IV - Certa: A assinatura chama a atenção para a autenticidade apenas e não se faz necessário criptografar dados. *Letra C.*

114.
Alternativa A: Intrusion Detection System trata-se do sistema usado para detectar a tentativa de invasão a uma rede. Alternativa B: DNS é o nome que recebe o sistema que traduz nomes de domínios para endereços IPs. Alternativa C: Hubs são equipamentos concentradores que interligam computadores formando uma LAN. Alternativa D: Roteadores são equipamentos com a capacidade de compreender e interligar diversas redes o que lhes permitem decidir a melhor rota entre elas. *Letra D.* Alternativa E:Um conector RJ-45 é o plug usado em cabos do tipo par-trançado.

TCE-SP (FCC)

115.
Afirmativa I - Certa: Esta é mais uma daquelas questões onde a banca manipula com facilidade aquilo que deseja como resposta certa. De fato a AMD não utiliza o clock na identificação de processadores, e sim, uma numeração para identificar o modelo do processador, mas esta afirmativa confunde bastante o candidato por usar de observações e características de fabricantes. Afirmativa II - Certa: Embora seja possível adquirir memórias, discos rígidos e adaptadores voltados a computadores portáteis,

ainda há limitações quanto a *upgrades*. Afirmativa III - Certa: Em outras palavras, um programa de computador ou sistema de programação é na verdade um conjunto de linhas de procedimentos a serem executados dentro de uma determinada lógica que deve respeitar a sintaxe de uma linguagem de programação escolhida pelo programador ou pela equipe de programadores. Afiramtiva IV - Errada: De fato *OEM* diz respeito a "algo mais barato" em contraposição ao modo BOX, por este garantir ao comprador a aquisição de produtos devidamente embalados onde normalmente manuais acompanham o produto e não o contrário como afirma a opção. **Além disso, uma licença OEM...** *Letra D.*

116.
Afirmativa I - Certa: O subsistema de memória tem na cache (*SRAM*) um tipo de repositório para dados freqüentemente usados ou que serão futuramente. Quando ocorre o *cache miss* (fata do dado na cache) o processador busca o dado diretamente na MP (memória princiapal - *DRAM*) mantendo este dado por algum tempo nas caches para uso futuro. Afirmativa II - Errada: Realmente o tempo de acesso a uma memória cache é muitas vezes menor o que nos permite dizer que trata-se de um acesso de pouca demora ou seja, mais rápido que um acesso a memória virtual que é formada pela MP com parte do espaço livre de um HD, porém a afirmativa inverteu os gerenciamentos. A memória cache é gerenciada pelo próprio processador enquanto que a memória virtual é gerenciada pelo sistema operacional que permite ao usuário, inclusive, a alterar o seu tamanho. Afirmativa III - Certa: *Overclock* é a técnica configurada na placa mãe pelo *SETUP* para aumentar a velocidade dos processadores. Afirmativa IV - Certa: O AGP (*Accelerated Graphics Port*) é o barramento voltado exclusivamente para a adaptação de placas de vídeo enquanto que o PCIe (*Peripheral Component Interconnect Express*) pode ser usado para vários outros dispositivos. O candidato poderia tropeçar nos valores apresentados, já que nem sempre eles são exatos. A velocidade apresentada na questão (2.128MB/s) é obtida com o seguinte cálculo: 66,5MHz x 8 x 4. Onde 66,5MHz é o equivalente a 1x - logo, para uma AGP de 8x deve-se multiplicar por 8 - o valor 4 justifica-se pelo fato deste barramento ser de 32 bits, equivalendo a 4 bytes, ou seja: 66,5x8x4 = 2.128. *Letra A.*

117.
A alternativa A está errada, já que quando dizemos que um processador é de 64 bits, estamos na verdade esclarecendo que cada dado de seu ciclo carrega 64 bits (o mesmo que 8 bytes). Apenas isso. Para que um programa seja executado verdadeiramente a 64 bits, faz-se necessário que este seja assim definido ainda na sua programação. A alternativa B também erra ao afirmar que a combinação [Ctrl] + [Alt] + [Del] executaria

diferentes funções dependendo do aplicativo, pois é um atalho particular do Windows, embora possa apresentar variações de versão para versão. A afirmativa C também está incorreta, já que uma versão de 32 bits do Windows pode ser substituída por outra versão de 64 bits **???e vice-versa???**. *A alternativa D - correta*, o Painel de controle é o centro de configuração do sitema operacional Windows, onde na versão XP e Vista encontram-se, dentre outras opções, as opções de segurança. O Windows Vista tem seus próprios drivers independentemente de sua versão ser de 32 ou de 64 bits.

118.
A possibilidade de alterar as configurações de partição de um disco rígido só será possível na versão Windows Vista. *Letra B.*

119.
A ativação não pede informações pessoais dos usuários. A afirmativa I está errada! As demais afirmativas estão corretas. *Letra C.*

120.
O formato XML (*Extensible Markup Language*) faz com que a informação contida em um site seja mais facilmente pesquisada, encontrada e destacada ou "filtrada". Consiste no uso de uma marcação sinalizadora (ou rótulo) aplicável aos dados de documentos web o que identifica os significados de seus conteúdos tornando as aplicaçõesmais práticas e fáceis. A afirmativa A erra, pois embora a tecnologia XML apresente uma boa interoperabilidade entre as diversas aplicações, não é uma de suas peculiaridades o armazenamento de dados em uma base. A alternativa B e C erram também, pois não há qualquer formatação especial além do já conhecido formato ANSI, ou seja, sem formatação. *A resposta certa é a letra D*, já que a alternativa E compara o XML com RTF (Ritch Text Format) que é na verdade uma formato de documento que apresenta todas as formatações características de texto processado como parágrafo, tabulação, numeração de páginas, recuos, margens e etc.

121.
A afirmativa A erra, pois existem várias opções de configuração em *Opções* porém não são as mesmas encontradas em *Proteger documento*. A senha de fato protege o documento contra acessos ou modificações, porém não se pode escolher o tipo de criptografia.na guia *Segurança* acessível pelo menu *Ferramentas* e opção *Opções* encontram-se as opções: *Senha de gravação* e *Senha de proteção*. - Não há "*Recomendável somente leitura*". O objetivo de se utilizar a opção Proteger documento é impedir qualquer modificação no documento ou pelo menos algumas partes dele e não objetivamente a formatação de estilos, sendo assim, a alternativa D também está errada. *A alternativa E está certa* e explica o uso da opção de proteção de forma superficial, porém impecável.

122.
A afirmativa I está certa. As afirmativas II e III erram, pois o usuário poderá renomear, apagar ou mover as planilhas a qualquer momento estando ou não vazias, pois suas referências, caso existam, serão automaticamente atualizadas. A afirmativa IV erra, pois somente pode-se iniciar um cálculo com os sinais "=", "+" ou "-". *Letra B.*

123.
O MS-Outlook Express não possui os itens apresentados na afirmativa III que são naturais do MS-Outlook nem o filtro de lixo encontrado na afirmativa IV. *A resposta certa é a letra E.*

124.
A afirmativa I descreve o acesso a rede do tipo ADSL. A afirmativa II refere-se a tecnologia ISDN que utiliza duas linhas telefônicas. A afirmativa III refere-se a *ADSL* uma vez que seu nome *(Asymmetric Digital Subscriber Line)* diz ser uma linha assimétrica do assinante, assimétrica justamente pelo fato de suas velocidades de envio e recebimento serem distintas. A afirmativa IV está relacionada à tecnologia *Bluetooth* que usa faixas livres de rádio para conectar dispositivos pessoais que estejam relativamente próximos entre si (1m, 10m ou 100m de alcance). *Letra C.*

125.
A afirmativa I está certa. Uma rede pode estar conectada à Internet diretamente ou interconectada através de outras redes, além disso, não há um controle central da Internet. Certamente existem provedores pagos, porém é possível encontrar provedores e *hotspots* (áreas com pontos de acessos liberados) gratuitos. A afirmativa II está certa. Quando configuramos os computadores de uma rede interna, o normal é utilizarmos números privados, ou seja, números não encontrados na Internet para que não ocorra conflitos. Afirmativa III está certa. Para que se conecte esta rede com a Internet, faz-se necessário o uso de um equipamento que possa unir a rede interna à Internet que estará configurado tanto em uma como em outra, tarefa comum aos roteadores. Esta é a característica da tecnologia NAT. *Letra A.*

126.
O protocolo SSL volta-se objetivamente à criptografia de dados que serão trafegados pela Internet. *A alternativa correta é a E.*

127.
Afirmativa I - Certa: A afirmativa descreve corretamente o que é o polimorfismo. Afirmativa II - Certa: Embora não seja obrigatoriamente voltado a vulnerabilidades de segurança. Afirmativa III - Certa: Lembrando que Irretratabilidade é justamente o contrário, ou seja, o não repúdio - incapacidade de negar a autoria de atos. Afirmativa IV - Certa: Existem

diversos tipos de ataques de DoS. Exemplos: *Ping-of-dead; SYN Flooding; UPD Packet Storm; Smurf* e outros. *Letra C.*

TCE-SP - Conhecimentos específicos de TI - (FCC)

128.
Afirmativa I - Certa: O Gerenciamento da Capacidade possui sete técnicas. O dimensionamento da Aplicação é uma delas e começa no estágio inicial do Projeto de uma nova aplicação, ou quando existe uma grande mudança em uma aplicação já existente e seu término se dá quando a aplicação é aceita.
Afirmativa II - Errada: O Gerenciamento da Disponibilidade tem como objetivo otimizar a capacidade da infra-estrutura de TI e da organização de suporte, para a entrega de um nível de disponibilidade sustentável a um custo efetivo.
Afirmativa III - Certa: Na Análise do Impacto, os objetivos são: Identificar Riscos; Avaliar Níveis de Ameaças e Vulnerabilidades; e Avaliar os Níveis de Riscos.
Afirmativa IV - O Suporte de Serviços e a Entrega de Serviços são as áreas mais conhecidas dentre os componentes ITIL. *A letra D é a resposta.*

129.
O gerenciamento de Problemas tem como tópicos os seguintes itens: Controle de Problemas; Controle de Erros Conhecidos; Assistência no tratamento de incidentes graves; Prevenção Pro-ativa; Identificação de Tendências; Informações Gerenciais e Revisão de Mudanças. *Letra B.*

130.
Planejamento e Organização é o primeiro dos quatro domínios nos quais se agrupam os processos do COBIT. Os onze processos deste domínio são: 1. Definir um Plano Estratégico de TI; 2. Definir a arquitetura de informação; 3. Determinar a direção tecnológica; 4. Definir a organização e os relacionamentos da TI; 5. Gerenciar os investimentos da TI; 6. Comunicar as metas e os direcionamentos gerenciais; 7. Gerenciar os recursos humanos; 8. Garantir a conformidade com os requisitos externos; 9. Avaliar os riscos; 10. Gerenciar os projetos; 11. Gerenciar a qualidade. *Letra A.*

131.
Criado e mantido pelo ISACA (Information Systems Audit and Control Association), o COBIT é focado em governança; controle e auditoria de tecnologia da informação. São 34 processos de TI e 7 critérios de informação. *Letra D.*

132.
A integridade dos dados de um SGBD é de responsabilidade do próprio, não cabendo o uso de aplicativos externos. A única afirmativa errada é a IV. *Letra E.*

133.
A Álgebra Relacional é uma teoria matemática baseada nas relações entre conjuntos. Da sua aplicação ao Modelo Relacional de Banco de Dados, resultou a possibilidade de armazenar estruturas de dados complexas. Os operadores da álgebra relacional classificam-se em dois grupos: Operadores Tradicionais de Conjunto e Operadores Relacionais. O produto cartesiano é um dos tópicos dos Operadores Tradicionais de Conjunto. Para classificar um SGBD como Relacional, é fundamental que ele possua, entre outras características, no mínimo, os três operadores relacionais: Projeção, Seleção e Junção. O Produto Cartesiano entre duas tabelas "X" e "Y" resulta numa tabela virtual "Z", contendo todas as linhas da tabela "X" combinadas com todas as linhas da tabela "Y", através da concatenação de suas linhas. Se "X" possui 10 linhas e "Y" possui 20, "Z" possui 200 linhas. *Letra B.*

134.
Todas as afirmativas estão corretas. A Web 2.0 é uma mudança no modo com que a informação é acessada, mantida e desenvolvida, pois seu funcionamento será muito mais público e compartilhado *(wiki)* se comparado ao que hoje vemos. Programas serão sempre atualizados e corrigidos. Na Web 2.0 os softwares funcionarão pela Internet também e não somente instalados nos computadores. *Letra C.*

135.
Quanto às melhores práticas de TI, o PMI é a parte responsável pelo gerenciamento de projetos e suas fases: integração, escopo, tempo, custo, qualidade, rh, comunicações, riscos e aquisições. *Letra C.*

GLOSSÁRIO:

Address Table
A base de dados mantida pelo switch de todos os endereços aprendidos e as portas do switch através das quais esses endereços podem ser alcançados. Isso é usado pelo switch para fazer forwarding e filtros.

Ad-hoc
Locução do latim: "para isto" ou "destinado para esta finalidade" – Usada na informática para designar grupo de dispositivos conectados entre si que não faz uso de um nó central onde todos exercem a função de rotear de forma comunitária o fluxo de dados uns aos outros. Ver OLSR e Peer-to-peer.

Application Switch
Dispositivo que detecta diferentes aplicações associando recursos e serviços de rede. Pode executar várias funções incluindo a análise de sessão, terminação, origens etc.

ARP (Address Resolution Protocol)
O protocolo de tradução de endereços (rede e enlace) opera com uma tabela de associações entre endereços IP e endereços MAC (físicos). Quando um computador "A" tenta acessar um computador "B" e não o encontra, o ARP emite um sinal de busca para todos os computadores do segmento de rede em questão (broadcast de consulta) e assim o computador "B" é encontrado. É o ARP que faz o mapeamento entre endereços de rede e endereços de enlace. As tabelas ARP são atualizadas e também podem ser descartadas quando não são utilizadas dentro de aproximadamente 10 minutos. O ARP possui o endereço IP, mas não possui o endereço físico, já o RARP (Reverse Address Resolution Protocol) possui o endereço físico e não o endereço IP. Para testar digite na linha de comando do DOS: "arp –a" e pressione [Enter].

ASCII (American Standard Code for Information Interchange)
Sistema de codificação de caracteres que utiliza 8 bits, dos quais 256 caracteres podem ser gerados (todas as letras, números e vários caracteres especiais além de símbolos). Ver Unicode.

ASP (Active Server Pages)
Também chamado de Application Service Provider. Técnica que consiste em acomodar aplicações em servidores e quando estas são requeridas por computadores clientes, os servidores geram respostas (páginas dinâmicas) e enviam para os clientes. É por exemplo o que ocorre quando fazemos pesquisas em sites de busca e recebemos uma página de resposta.

ATM (Asynchronous Transfer Mode)
Gerenciada por empresas de telefonia, o Modo de transferência Assíncrona caracteriza-

se como Cell-based por fazer uso de células para transmissão de dados. Estas pequenas unidades de informação possuem 53 bytes de tamanho (5 para o cabeçalho e 48 para transporte de dados) e permite a transmissão de dados, voz, vídeo e tráfego frame-relay em velocidades de 25Mbps à 2,5Gbps. Embora esta tecnologia tenha sido desenvolvida originalmente para fibra ótica, hoje ela também é acessível por cabo par trançado.

Backbone (Coluna dorsal)
Conexão central que interliga computadores ou redes. Comumente encontrados em redes com topologia barramento. A união dos grandes backbones mundiais é o que permite o funcionamento da Internet.

Bandwidth
Máxima quantidade de dados que pode ser transmitida em um determinado tempo; normalmente expressado em bits por segundo ou bytes por segundo.

Bastion Host
Bastion host é qualquer máquina configurada para desempenhar algum papel crítico na segurança da rede interna, provendo os serviços permitidos segundo a política de segurança da empresa.

BGP (Border Gateway Protocol)
Protocolo que habilita um grupo de roteadores chamados de AS (Autonomous Systems) para compartilhar informações de rota. O BGP é comumente usado dentro e entre os provedores de internet permitindo que os dados trafeguem entre os AS origem até os AS destino para que estes retransmitam os dados até o computador final. Ver OSPF.

BLEC (Building Local Exchange Carrier)
Um tipo de provedor de serviço que oferece acesso à internet e serviços de rede de dados para edifícios compostos por firmas comerciais.

Bluetooth (Dente Azul)
Tecnologia que une celulares, computadores, walkmans, câmeras digitais, headsets e outros dispositivos eletrônicos para transmissão de dados e voz via frequência de rádio. A velocidade de transmissão varia de 721 Kbps à 3 Mbps e opera por volta de 2,4 GHz. Cada dispositivo é dotado de um número único de 48 bits que serve de identificação. Dispositivos Bluetooth formam uma rede denominada Piconet, na qual podem existir até oito dispositivos (1 mestre + 7 escravos) interligados. A união de duas ou mais piconets (máximo 10) chama-se scatternet.

BNC (Broadcast Network Cable)
Conector utilizado para cabos coaxiais. Era utilizado antes do surgimento dos cabos UTP, STP e FTP.

Bridge (ponte)

Uma bridge é usada para conectar dois segmentos de rede (de mesma tecnologia) formando uma só rede local. A bridge atua na camada de enlace e é ela pode decidir se deve ou não retransmitir dados de um segmento para o outro. Um computador com dois adaptadores de rede pode ser configurado para funcionar como uma ponte. Ver switch e roteador.

Broadband

Infraestrutura para comunicação em banda larga, ou grandes tubulações, que possibilitam rápidas transmissões de dados.

Broadcast

Trata-se de um endereço usado para enviar informações para todos os dispositivos encontrados em uma mesma rede. Exemplo: Se quisermos enviar uma mensagem a todos os computadores da rede 150.120.240.0 (do 1 até o 254), basta enviá-la para o endereço 150.120.240.255 que é o broadcast da rede. Os endereços broadcast podem variar de acordo com a máscara de sub-rede adotada. O processo de envio em massa denomina-se Multicast.

Camada de Rede (ou nível de rede)

É como chamamos cada etapa de rede utilizada para o tráfego de dados. Existem dois padrões ou modelos: TCP e OSI.

CDDI (Copper Distributed Data Interconnection)

Tecnologia similar a FDDI, porém desenvolvida para cabos do tipo par-trançado.

Chipset

Conjunto de componentes de hardware responsável pela característica funcional da placa-mãe. É pelo chipset que se identifica a velocidade, conectividade, quantidade e tipos de slots, tipo de soquete para CPU, slots de memória RAM e etc. É comum chamar as pontes norte e sul de chipset, justamente por serem os pontos principais da placa-mãe, porém não se resumem apenas nestes dois chips.

Collapsed Backbone

Arquitetura LAN onde uma interconexão de sub-rede é concentrada em um roteador ou switch de Nível 3.

DAP (Directory Access Protocol):

Protocolo de acesso que padroniza a comunicação entre o cliente e o servidor de diretório. No que diz respeito às redes (diferente do contexto de pastas e arquivos) um diretório é uma estrutura hierárquica que armazena informações a respeito de itens (recursos ou objetos) de uma rede. Um diretório pode ser composto pelos mais diferentes tipos de itens, como por exemplo, servidores, discos, impressoras, contas de usuários, arquivos compartilhados; ou ainda domínios de logon, aplicativos, políticas de segurança e de acesso.

Datagrama
É um dos nomes atribuídos à informação que transita pela rede. Um datagrama contém dados suficientes para ser roteado desde o ponto de origem até o destino. Consulte tópico "Grupo TCP/IP - Arquitetura". Ver também: frame e pacote.

Data Mining (Mineração de Dados)
Técnica que consiste em pesquisar de forma complexa um Data Warehouse fazendo uso de algoritmos que decifram comportamentos do consumidor a fim de encontrar características similares entre clientes, produtos e serviços. Um exemplo de uso destes padrões seria a realização de campanhas de marketing direcionadas a um determinado target (público alvo) ou identificar fatores ligados à queda nas vendas de um produto. Em resumo, um DM explora e estuda as gigantescas bases de dados e filtra tendências.

Data Warehouse (Repositório de Dados)
O Data Warehouse (DW) surgiu nos anos 80 com o aumento das necessidades de análise de dados em grandes volumes. É a parte central dos Sistemas de Informações Gerenciais que apoia a tomada de decisões. Serve de armazém geral de dados de onde partes descentralizadas (depósitos menores) conhecidos como Data Marts obtêm seus dados específicos para atenderem individualmente os departamentos de uma organização. Pode-se dizer que um DW baseia-se em um sistema computacional que utiliza bancos de dados para armazenar as informações relacionadas à organização de forma a garantir mais precisão quanto às soluções de BI (Business Intelligence – inteligência de negócios).

DCCP (Datagram Congestion Control Protocol)
Protocolo de Controle de Congestionamento de Datagramas, é um protocolo da camada de transporte que se encontra em desenvolvimento pelo IETF. Dentre as várias aplicações que podem fazer uso do DCCP, está a cronometragem da entrega de dados por uma via congestionada. Conhecendo o congestionamento de uma rede, pode-se descobrir a capacidade de tráfego disponível desta. A motivação primária para o desenvolvimento do DCCP é prover informações na camada de transporte (e não na camada de aplicação) o que agiliza muitos processos que ocorrem hoje. O DCCP é voltado para situações que utilizariam o TCP, mas que não necessitam obrigatoriamente da entrega em ordem. Ver SCTP.

DHCP (Dynamic Host Configuration Protocol)
É com este protocolo ativado em uma rede que computadores recebem identificação IP automaticamente. Um servidor DHCP envia um número IP a um computador cliente para que este seja devidamente identificado poupando o trabalho de um administrador de rede de identificar manualmente o que também reduz a chance de conflitos e outros erros de configuração.

DiffServ
Padrão desenvolvido para ajudar a resolver problemas de qualidade IP. DiffServ opera

na camada de rede e permite negociação out of-band. DiffServ confia condicionadores de tráfego na borda da rede para indicar os requerimentos de cada pacote.

DMZ (Delimitarized Zone)

Quando computadores precisam acessar a Internet sem restrições, pode-se criar uma zona desmilitarizada, ou seja, uma área sem atuação de combate ou defesa onde o controle de acessos não é tão severo. Esta zona é conhecida como DMZ.

DNS (Domain Name System)

Um servidor de DNS é o equipamento responsável pela tradução de uma URL em um IP. Quando um usuário digita um endereço na barra de endereços do seu navegador, ele recebe um rápido aviso na barra de status que diz: "Conectando-se ao site..." seguindo de um número IP. Isto significa que o site desejado foi encontrado e que em seguida será feito o download do mesmo. Em provas, é comum dizer que servidores DNS são responsáveis pela resolução de nomes na internet. Ver ICANN.

DoS (Denial-of-Service)

Método de ataque que visa impedir que usuários utilizem serviços. Algumas estratégias utilizadas podem ser identificadas por nomes como: Ping-of-dead; SYN Flooding; UPD Packet Storm e Smurf. Consistem basicamente em inundar uma rede para impedir ou interromper a conexão entre máquinas. Além disso, ataques DoS podem ser usados na internet para impedir acesso a sites e transações.

Duplex

Um modo de comunicação onde um dispositivo pode enviar e receber dados do mesmo link. Existem dois modos de operação duplex, o full-duplex e o half-duplex. No full-duplex os dados vão e vêm simultaneamente como uma conversa por telefone, onde duas pessoas falam ao mesmo tempo. Já no sistema half-duplex (ou semi-duplex), os dados trafegam em uma direção de cada vez ou seja, enquanto uma informação está sendo enviada, não há como receber outra, isto é similar a uma conversa por Walk-Talk onde uma pessoa fala e a outra espera para poder falar.

DVMRP (Distance Vector Multicast Routing Protocol)

Protocolo usado para comunicação e distribuição de informações da tabela de roteamento multicast. Isso é baseado no protocolo RIP utilizado para roteamento unicast.

Engenharia Social

Conjunto de técnicas usadas por criminosos para convencer as pessoas a instalarem programas maliciosos, divulgar informações confidencias, etc, ou seja, são técnicas que buscam explorar o usuário e não atacar sistemas de informação. Como exemplo, e-mails falsos que tentam convencer pessoas a divulgar informações pessoais e financeiras. Ver phishing.

ESRP(Extreme Standby Router Protocol)
Permite dispositivos de host continuar a comunicação mesmo que uma rota física falhe.

Ethernet
Padrão de rede desenvolvido pela Xerox, para transmitir dados a 10 Mbps, porém hoje existe Fast Ethernet (100 Mbps); Gigabit Ethernet (1 Gbps) e 10-Gigabit Ethernet (10 Gbps).

Exploit
Significa "façanha". É um programa capaz de se aproveitar dos bugs de um determinado software para conseguir invadi-lo.

Extranet
É a ligação das intranetes de duas ou mais empresas que utiliza a Internet como forma de conexão e assim, utiliza os mesmos protocolos e padrões (infraestrutura). Permite por exemplo que uma empresa acesse, compre e venda produtos e serviços de outras empresas que seriam parceiras comerciais.
Como conecta usuários externos, a extranet não está acessível a qualquer um. Somente empresas e pessoas devidamente autorizadas. Exemplo: Uma agência de viagens pode acessar a empresa aérea/rodoviária e reservar ou vender passagens fazendo uso da extranet.

FDDI (Fiber Distributed Data Interface)
Padrão de rede desenvolvido pela ANSI para LANs de fibra ótica que permite transmissão na casa dos 100 Mbps até 200 Km; extensamente usada como uma tecnologia backbone. Esse padrão é bastante indicado para a interligação de redes onde o backbone é justamente o cabo duplo de fibra ótica com configuração em anel ao qual se ligam as sub-redes.

Firewall
Sistema de defesa constituído por hardware e software encarregado de controlar o que entra e sai de uma rede. Existem dois tipos de firewall: O de nível de Pacote e o de Aplicação.
O primeiro conceito é encontrado normalmente em roteadores, pois estes representam o ponto de ligação de uma rede com outra. Um roteador com capacidade de filtragem de pacotes é chamado de screening router. As regras de filtragem de pacotes que a maioria dos roteadores executam vão até a camada de transporte onde nenhuma decisão é tomada baseando-se no conteúdo dos pacotes. O segundo tipo de firewall existe na forma de servidor proxy que assume as requisições dos usuários para os serviços como: HTTP, FTP, POP, TELNET, etc...

Firmware
Programa armazenado em chip de memória ROM (PROM, EPROM ou EEPROM), fornecida pelo fabricante do equipamento.

FTP (File Transfer Protocol)
O Protocolo de Transferência de Arquivo é usado para transferir (Upload e Download),

apagar e renomear arquivos e pastas. Mantém duas portas em constante conexão, a porta 20 (porta de dados por onde os arquivos são transferidos) e a porta 21 (porta de comandos por onde o cliente solicita serviços ao servidor). Ver TFTP.

FTP (Foil Twisted Pair)

Diferentemente do cabo STP que envolve cada fio, o cabo de blindagem folheada é uma modalidade que apresenta uma lâmina metálica que recobre todos os fios ao mesmo tempo. Ver UTP e STP.

Frame

É o mesmo que pacote ou datagrama. A variação do nome ocorre conforme os dados vão passando pelas camadas de rede. Consulte tópico "Grupo TCP/IP - Arquitetura". Ver pacote.

Frame Relay

É uma tecnologia usada para transmitir dados em rajadas (bursty) de alta velocidade utilizando os benefícios da fibra óptica e da alta qualidade dos meios digitais de forma rápida e barata. A Frame Relay executa funções básicas de enlace e rede (modelo OSI) através de uma rede que divide as informações em frames (pacotes) para um ou muitos destinos. Nos últimos anos, o uso de VPN's e Internet baseada em redes ATM, Cable Modem e DSL, vêm acelerando o processo de substituição da frame relay, porém ainda há muitas áreas onde a DSL e o Cable Modem não estão disponíveis, o que faz da Frame Relay uma modalidade de comunicação mais econômica e viável. Em resumo, Frame Relay pode ser tanto um serviço prestado por uma companhia telefônica como também uma rede privada que une LAN's através de um roteador e uma rede pública.

Gateway

Um dispositivo que opera como "Portão de Saída" para os equipamentos de uma rede permitindo que esta se comunique com outra. Um exemplo comum seria um computador da rede local conectado à Internet que compartilhe este acesso com os demais computadores.

Gbps

Gigabits por segundo.

Gigabit (Gb)

1000 megabits (1.000.000.000 de bits).

Gigabyte (GB)

1024 megabytes (1.073.741.824 bytes).

Gigahertz (GHz)

1000 megahertz (1.000.000.000 de hertz).

Gopher

Gopher é um protocolo de Internet pouco usado atualmente, sobretudo depois do advento da World Wide Web. Trata-se de um sistema que permite navegar por computadores conectados à Internet, mas sua interface é de poucos recursos visuais como o DOS e funciona orientado a menus e submenus no lugar de links, nada comparável ao atual sistema http que trabalha com mouse e outros recursos. Ainda que proposto em 1989, apenas em 1991 começamos a navegar na Web como conhecemos hoje, usando HTML, no entanto, é possível trabalhar com Gopher em alguns raríssimos casos. Basta que se digite "gopher://" seguido por um endereço (que ainda seja compatível) da mesma maneira que fazemos com o "http://". O nome gopher provém do mascote da Universidade de Minnesota, local onde o projeto foi desenvolvido. Os servidores Gopher podem ser acessados via telnet ou através de browser.

GPRS (General Packet Radio Service)

Tecnologia desenvolvida para aumentar a taxa de transmissão de dados em redes GSM (12Kbps) permitindo que alcancem 40Kbps. Dispositivos conectados à Internet, que fazem uso de GPRS têm um custo-benefício aceitável, pois cobra-se pelo volume de pacotes transmitidos e não pelo tempo de acesso.

GUI (Graphical User Interface)

Mecanismo de interação (usuário e sistema operacional) baseado em símbolos visuais como: ícones, menus, botões, diretórios e janelas. Os usuários podem interagir com a GUI pelo uso do mouse ou teclado e assim selecionar, abrir, fechar ou mover esses símbolos de forma prática. Ver Widget.

Hardware Address

Endereço físico de um dispositivo de rede. Ver MAC.

Hash

Funcionando como um "selo de garantia", o hash representa o conteúdo de dados e serve para informar se uma determinada informação sofreu ou não adulteração durante o seu percurso. Enquanto um simples bit é alterado em uma mensagem, por exemplo, os bits do hash sofrem uma grande modificação, a este fenômeno dá-se o nome de "Efeito avalanche". O hash não é a criptografia e sim o resultado resumido de uma sequência de caracteres chamada de Message Digest (MD) o mesmo que Resumo de Mensagem. Um MD ocorre a partir de um método específico denominado algoritmo MD e como existem vários algoritmos os MDs variam bastante de tamanho entre si. Os algoritmos mais conhecidos são: MD1, MD2, MD3, MD4, MD5 e SHA-1.

HDMI (High-Definition Multimedia Interface)

Padrão de conexão (Sony, Philips, Toshiba, Silicon Image, dentre outras) muito rápida que une áudio e vídeo digital em apenas um cabo.

Hertz
Equivalente a "ciclo por segundo". O hertz é usado para calcular a frequência com que um determinado dispositivo opera. Exemplo: Podemos dizer que um microprocessador de 2GHz executa 2.000.000.000 de ciclos de clock por segundo, onde, um ciclo de clock é o mesmo que uma onda eletromagnética.

Honey Pot
Procedimento que simula a existência de serviços vulneráveis em um ambiente de rede, fazendo com que hackers, lammers e outros pensem poder invadir facilmente, mas tudo é uma armadilha para identificar e rastrear estes criminosos.

Hotspot
Nome dado à área de acesso público (Universidades, restaurantes, aeroportos, hotéis etc.) onde é possível conectar-se à Internet sem fio.

HTTP (Hypertext Transfer Protocol)
Protocolo que permite a abertura de páginas web.
HTTPS (HTTP Seguro)
Protocolo de Internet que permite o acesso seguro a páginas que exigem confidencialidade e integridade. Resume-se na associação do protocolo HTTP com o SSL.

HUB
Tipo de concentrador não inteligente que serve para interconectar computadores em um segmento de rede local. Diferente do switch, o hub envia sinais para todas as estações conectadas a ele. O hub é também conhecido como acumulador.

IANA (Internet Assigned Numbers Authority)
Autoridade mundial que confere números IP e números de portas na Internet.

ICANN (Internet Corporation for Assigned Names and Numbers)
A Corporação da Internet para Atribuição de Nomes e Números é responsável pela coordenação global do sistema de identificadores como nomes de domínio e códigos de países. Existem 13 servidores DNS pelo mundo (10 nos EUA, 1 no Japão e 2 sem localização fixa) denominados root-servers (servidores-raíz). Estes servidores estão sob a administração do ICANN e são eles que traduzem todos os nomes de domínio na Internet para os milhares de servidores DNS existentes nos provedores que atendem os usuários pelo mundo.

ICMP (Internet Control Message Protocol)
Protocolo que envia mensagens de controle de erros. Estas mensagens podem ser geradas por roteadores e switches. O ICMP é parte do datagrama IP e é o protocolo usado para detecção de erros. Ex: "endereço destino inalcançável"; "porta inalcançável"; "TTL expirou"; "gateway congestionado"; etc. Ping e Tracert são ferramentas que utilizam ICMP.

IDE (Integrated Drive Electronics)
Interface que controla o fluxo de informação entre o processador e os drives (CD's, discos rígidos, Zip interno, Drives de DVD, etc). Ver SCSI.

IEEE (Institute of Electrical and Electronics Engineers)
O Instituto de Engenharia Elétrica e Eletrônica é responsável pela padronização de equipamentos e tecnologias. Cada padrão é devidamente catalogado sob um código de identificação, exemplo: IEEE 802.3 padrão Ethernet e IEEE 802.11 Rede sem fio.

IETF (Internet Engineering Task Force)
A "Força-tarefa de Criação da Internet" é uma comunidade internacional que reúne técnicos, agências, fabricantes, fornecedores, e pesquisadores que se propõem a melhorar a arquitetura da Internet e seu funcionamento. Tem como missão identificar e propor soluções para problemas além de propor padronização das tecnologias e protocolos envolvidos. As recomendações da IETF (www.ietf.org) são usualmente publicadas em documentos denominados RFCs (Request for Comments).

IGMP (Internet Group Management Protocol)
O protocolo de gerenciamento de grupo é básico para todos os dispositivos que fazem envio de pacotes multicast. É também o IGMP que determina quais equipamentos pertencem a um mesmo grupo multicast. Assim como o ICMP, o IGMP é pertencente à camada de rede, mas funciona sobre IP.

IGMP Snooping
Fornece um encaminhamento inteligente de pacotes multicast em um domínio broadcast. Ao registrar informações de IGMP snooping, uma lista de distribuição de workstations é formada para determinar quais end-stations receberão pacotes com um endereço de multicast.

IGRP
O Interior Gateway Routing Protocol (Protocolo de Roteamento de Gateway Interno) surgiu nos anos 80 para resolver falhas do protocolo RIP (também de roteamento interno). O IGRP escolhe o melhor caminho entre dois pontos internos a uma rede levando em consideração a taxa de transmissão e o tempo decorrido entre duas ou mais redes roteadas. Sua freqüência de atualização é de 90 segundos e estas são enviadas em pacotes broadcast a todos os dispositivos conectados na rede. A Cisco Systems Inc. é a empresa que detém a patente do protocolo IGRP.

IMAP (Internet Message Access Protocol)
É um protocolo de envio e acesso de mensagens de correio eletrônico. A versão atual deste protocolo é a IMAP4. Diferentemente do protocolo POP, o IMAP permite que o usuário acesse suas mensagens diretamente no servidor sem a obrigação de baixar para o computador, porém, o IMAP pode ser configurado em programas de gerenciamento de correio eletrônico.

Internet

O primeiro e verdadeiro significado desta palavra é simplesmente "União de redes" Ao utilizar um roteador para ligar redes tecnologicamente distintas, estamos "criando" uma internet. Hoje, ao utilizar o artigo definido "A" antes da palavra "internet" cria-se uma expressão que se tornou equivalente a "Rede Mundial de Computadores ("A Internet"? "Uma internet").

Intranet

Rede que oferece recursos similares aos encontrados na Internet, mas que funciona em uma empresa ou outra instituição onde apenas os membros ou funcionários é que possuem acesso.

IP (Internet Protocol)

Protocolo de informações de endereçamento que permite identificar e transportar pacotes de rede. Um IP possui 32 bits divididos em quatro blocos denominados octetos (oito bits cada) que podem ser representados na forma decimal por valores entre 0 e 255 separados por três pontos. Ex: 200.180.10.44.

IP Spoofing

É a técnica de subversão que consiste em mascarar (spoof) pacotes IP com endereços falsificados. Assim, usuários mal-intencionados tentam acessar equipamentos que normalmente não poderiam.

IPX/SPX (Internetwork Packet Exchange/Sequenced Packet Exchange)

Protocolo cliente-servidor desenvolvido pela Novell e variante do "Xerox Network Systems" (XNS) é nativo do sistema operacional Netware. Fornece serviços de compartilhamento de arquivos, impressão, comunicação, fax, segurança, correio eletrônico, etc. O IPX é um protocolo roteável, assim como o IP, podendo operar em redes gigantescas, embora possua 80 bits enquanto que o IP possui 32. Mesmo sendo mais pesado, a grande vantagem sobre o IP é que o IPX carrega os 48 bits do endereço MAC da placa de rede não sendo necessário ficar criando, gerenciando e atribuindo endereços IPX para cada uma, o que o torna auto configurável. O protocolo SPX incrementa o protocolo IPX auxiliando na supervisão do envio de dados através da rede. Se um pedido de confirmação não for respondido dentro de um tempo especificado, o SPX faz a retransmissão de dados e se um número razoável de retransmissões falhar, o SPX assume que a conexão foi interrompida e avisa ao operador. Assim como o TCP, o SPX é orientado a conexão enquanto que o IPX assemelha-se ao IP (não orientado). Ver NWLink.

IRC (Internet Relay Chat)

Protocolo (camada de aplicação) documentado pela primeira vez em 1993 (RFC 1459) para troca de mensagens de texto em tempo real (chat) individual ou em grupo.

ISO (International Standards Organization)

Organização Internacional de Padronização (não governamental) fundada em 23 de fevereiro de 1947, com a sede em Genebra (Suíça), que elabora normas internacionais e tem como missão promover o desenvolvimento da padronização, com objetivo de facilitar a troca internacional de bens e serviços e a cooperação no desenvolvimento intelectual de atividades científicas, tecnológicas e econômicas.

Kbps

Kylobit por segundo

KDE (K Desktop Enviroment)

Ambiente gráfico para Linux e faz paródia com o CDE (Common Desktop Environment) desenvolvido para UNIX. O KDE é utilizado também pelo Mac OS X e pelo Windows (Cygwin – da Cygnus Solution).

Kerberos

Protocolo de autenticação de rede para Windows a partir da versão 2000. Autentica a identidade dos usuários que tentam efetuar login em uma rede e criptografa suas comunicações através do uso de chave privada (secreta). Deixa um "ticket" criptografado (algoritmo DES) com o usuário que pode ser utilizado em qualquer serviço que requeira autenticação sem a necessidade de transitar a senha do mesmo pela rede. Além de ser o método de autenticação padrão do Windows 2000, roda também em Unix e em vários outros sistemas operacionais. É classificado como um sistema distribuído de autenticação devido ao fato de utilizar três servidores (SA, TGS e KADM) operando de forma independente:

SA

Recebe a requisição de autenticação do usuário e faz a verificação. Caso seja um usuário autentico, será fornecido o ticket para que se estabeleça comunicação com o TGS.

TGS

Autentica informações do ticket e fornece outro para que se comunique com o KADM.

KADM

Controla o cadastro dos usuários e as chaves secretas. Ao receber o ticket do servidor TGS, o KADM fará a autenticação das informações com os dados previamente cadastrados. Quando um novo usuário é admitido em uma organização que utiliza o protocolo Kerberos, a primeira etapa deverá ser a de cadastro de seu login e password junto ao servidor KADM. Ver NTLM.

Kylobit (Kb)

1000 bits.

Kylobyte (KB)
1024 bytes

Kylohertz (KHz)
1000 hertz

L2TP (Layer 2 Tunneling Protocol)
Protocolo de encapsulamento usado em redes virtuais privadas (VPN).

Latency
Tempo de espera para que um processo iniciado seja finalizado.

LAN (Local Area Network)
Rede onde computadores encontram-se próximos ou pelo menos sob o mesmo teto ou imóvel. Atualmente uma rede local pode ser do tipo Windows/Linux (doméstica) para atender necessidades simples do usuário em residências e pequenas empresas ou do tipo Intranet (profissional), possuindo características mais técnicas. Ver WAN.

LDAP (Lightweight Directory Access Protocol)
É um protocolo da camada de aplicação que permite aos usuários de uma rede localizar pessoas, organizações e outros recursos na Internet ou intranet. Foi criado como uma alternativa melhorada do Directory Access Protocol (DAP).

MAC (Media Access Control)
O Controle de Acesso ao Meio é um endereço que se encontra permanentemente em placas de rede. É diferente de qualquer outro endereço LAN ou WAN. É formado por 48 bits (24 do fabricante do adaptador + 24 usados na identificação do dispositivo).

MACRO
Procedimento (ou rotina) de programação usado normalmente para executar tarefas repetitivas ou longas em um determinado aplicativo que não necessariamente seja destinado a programação.

MALWARE (Malicius Software)
Software malicioso. Todos os trojans, vírus, vermes e spywares são exemplos de Malware.

MAN (Metropolitan Area Network)
Uma rede de dados desenvolvida para uma cidade ou município. Em termos de largura geográfica, MANs são maiores que LANs, mas não podem alcançar as distâncias de WAN's. MAN's utilizam normalmente fibra ótica ou outra mídia digital como o cabo de TV por assinatura.

Mbps
Megabit por segundo.

Megabit (Mb)
1000 Kylobits (1.000.000 de bits).

Megabyte (MB)
1024 kylobytes (1.048.576 bytes).

Megahertz (MHz)
1000 kylohertz (1.000.000 de hertz).

MIB (Management Information Base)
Uma base de dados de informação que o switch disponibiliza para sistemas de gerenciamento de rede. Por exemplo, estatísticas de tráfego e configurações de porta.

MIME (Multipurpose Internet Mail Extensions)
Extensões de múltiplos propósitos para correio de internet. Trata-se de um padrão de formato para mensagens de correio eletrônico. O padrão de envio de e-mail é definido pelo protocolo SMTP que suporta apenas 7 bits para formatação de caracteres da língua inglesa (ASCII), mas o uso do MIME (SMTP/MIME) permite o envio de sons, vídeos, desenhos e fotos nas mensagens.

MMS (Multimedia Messaging Service)
Serviço de mensagem disponível em alguns celulares que permite o envio de imagens, fotos, sons e textos para outro celular ou para endereços de correio eletrônico.

MPLS (Multiprotocol Label Switching)
Um protocolo de switching que integra informações de Nível 2 sobre links de rede para Nível 3 com o objetivo de simplificar e aumentar a troca de pacotes IP.

Multicast
Transmissão de dados destinados a muitos computadores de uma rede. Ver broadcast.

Multimode Fiber Cable
Cabo de fibra com wide core. A Luz é refletida pelo core em múltiplos ângulos e é propagado em múltiplos caminhos, cada caminho com tamanho diferente e, portanto, um tempo diferente para atravessar a fibra. Esses múltiplos ângulos ou modos causam uma dilatação do sinal, essa distorção ocorre acima do limite de distância que a integridade do sinal luminoso pode ser mantida. Fibra Multimode é o tipo predominante de fibra LAN instalados em edifícios e é mais caro que fibra monomodo.

NAT (Network Address Translation)

Técnica que permite a conexão de computadores da rede de uma determinada empresa ou residência à Internet utilizando os próprios endereços reservados. Um determinado host (computador ou roteador) conecta a rede interna com a externa, pois compartilha seu IP externo (fornecido por um provedor) com as outras máquinas da rede. NAT também é conhecido como "masquerading".

NetBEUI (NetBIOS Extended User Interface)

Este protocolo opera na camada de rede e transporte (3 e 4 do modelo OSI) e na verdade é uma "melhoria" do protocolo NetBIOS que foi muito usado em sistemas operacionais de rede como: Windows for Workgroups, Windows 95 e Windows NT. O NetBEUI foi concebido para ser usado apenas em pequenas redes LAN (até 255 computadores) pois é rápido e leve como o IPX/SPX, por isso, o NetBEUI tem um bom desempenho e não precisa de nenhuma configuração manual como o TCP/IP. Funciona com TCP/IP ou com outros protocolos mas não é roteável, ou seja, não se pode interligar duas redes com ele.

NetBIOS (Network Basic Input/Output System)

Este é o protocolo que fornece às aplicações de rede um serviço de transmissão orientado à conexão, um serviço de nomes para identificar seus usuários na rede e opcionalmente, um serviço de transmissão de datagramas não confiável. Opera na camada de sessão. Foi desenvolvido inicialmente pela Sytec, em uma implementação residente numa placa IBM PC Network. Essa interface foi introduzida pela IBM em 1984, e usada pela Microsoft no sistema operacional de rede MS-Net. NetBios é um protocolo para serviços de comunicação de computadores em redes locais. O Windows usa NetBIOS em redes Ethernet e Token Ring. Um nome NetBIOS é de até 16 caracteres.

Net Mask

Número usado para endereçar redes e subdividi-la quando necessário especificando um total de máquinas que pertencerão a cada segmento. Por exemplo, uma máscara de rede 255.255.0.0 para a rede 150.148.200.0 diz fará com que somente sejam aceitos os endereços iniciados por 150.148 e todos os outros pacotes serão descartados. Cada 255 diz o número de octetos a serem repetidos.

NFS (NetWork File System)

O Sistema de Arquivos Distribuído é um protocolo aberto desenvolvido pela Sun Microsystems que permite o compartilhamento de diretórios entre computadores de rede, possibilitando: acesso a arquivos e execução de programas. Faz parte da família TCP/IP e opera na camada de rede.

NNTP (Network News Transfer Protocol)

O protocolo de transferência de notícias é usado em grupos de discussão e especifica o modo de distribuição, busca, recuperação e postagem de mensagens usando um sistema de transmissão de notícias na internet.

NTLM (NetWare Lan Manager)
Protocolo de autenticação baseado em chave pública padrão para Windows NT 4.0 e compatível também com versões anteriores. Ver Kerberos.

NTP (NetWare Lan Manager)
Protocolo baseado em UDP para manter o relógio de um computador sempre atualizado. Ver SNTP.

NWLink
Este protocolo foi desenvolvido pela Microsoft para concorrer com o protocolo IPX/SPX. O NWLink é de transporte e suporta roteamento.

OC (Optical Carrier)
Usado para especificar a velocidade das redes de fibra ótica conforme padrão SONET.
OC-1 = 51,85 Mbps - OC-3 = 155,52 Mbps - OC-12 = 622,08 Mbps - OC-24 = 1,244 Gbps - OC-48 = 2,488 Gbps - OC-96 = 4,976 Gbps - OC-192 = 9,6 Gbps - OC-255 = 13,21 Gbps.

OLAP (Online Analytical Processing)
O Processamento On-line Analítico é um item da BI (Business Intelligence) e atua como parte do OLTP onde suas aplicações voltam-se para relatórios gerenciais, financeiros e relatórios de negócios. É também chamado de FASMI ou Fast Analysis of Shared Multidimensional Information (Análises Rápidas de Informação Multidimensional Compartilhada).

OLSRP (Optimized Link State Routing Protocol)
Um dos protocolos (roteamento) utilizados em redes sem fio Ad-hoc.
http://www.ietf.org/rfc/rfc3626.txt

OLTP (Online Transaction Processing)
O processamento de transações on-line é o sistema que registra todas as operações efetuadas entre um usuário e o banco de dados de uma organização.
OSI (Open Source Initiative)
Organização sem fins lucrativos dedicada ao gerenciamento e incentivo do código aberto.

OSI (Open Systems Interconnection)
Modelo de rede com sete camadas que serve de base para qualquer tipo de rede, seja de curta, média ou longa distância.

OSPF (Open Shortest Path First)
Protocolo de roteamento que mantém um mapa de todas as rotas e as redes que se

conectam. Envia mensagens curtas verificando se um roteador vizinho está ativo e acessível. Ver RIP.

Over-subscription
Também chamado de Over-subscription Ratios Deal. É o congestionamento em uma rede que causa perda de pacotes. São diagnosticados a partir de cálculos matemáticos que envolvem um provável número de requerimentos e a banda.

Pacote
Porção de dados que trafega na rede ao enviar ou baixar páginas, arquivos e mensagens. Ao circularem pelas camadas de rede os pacotes recebem diferentes informações que vão sendo agregadas. Consulte tópico "Grupo TCP/IP - Arquitetura". Ver Datagrama.

Parser
Programa ou parte de um programa que analisa sintaticamente uma sequência de caracteres de um arquivo ou que estejam sendo digitados para extrair palavras ou frases inteiras. Este processo denomina-se Parsing. Um parser está presente em programas compiladores.

Peer-To-Peer
O mesmo que P2P ou Ponto-a-ponto. É uma rede descentralizada, ou seja, rede sem hierarquia onde cada máquina nesta topologia ora desempenha funções de cliente ora de servidor.

Pharming
Considerado por alguns grupos uma espécie de "evolução" do Phishing, o Pharming é um método enganoso que visa desviar o acesso do usuário a um servidor autêntico para um servidor falso com conteúdo malicioso. Isto ocorre através de adulteração das tabelas do servidor DNS que atende o computador cliente. Ver DNS.

Phishing
Um dos tipos de Engenharia Social. Trata-se de mensagens fraudulentas que tentam passar-se por avisos reais de programas, empresas ou órgãos públicos como bancos, antivírus, receita federal, Orkut e tribunais. Por email, os destinatários são direcionados a um site falso onde serão instruídos a fornecer suas informações pessoais, como número de conta, documentos ou senhas. Há também casos em que as mensagens possuem um ou mais links que quando clicados, o sistema perguntará ao usuário se este deseja salvar ou executar um determinado arquivo. O arquivo é um malware que pode tentar roubar informações, permitir a invasão de outros usuários ou o controle da máquina à distância. Ver Scam.

PING
Ferramenta que verifica se um equipamento na rede encontra-se acessível. O usuário

digita em uma linha de comando: "PING" seguido de um endereço, exemplo: "ping www.endereco.com.br" a ferramenta então fará o envio de pacotes ICMP para o equipamento de destino e uma resposta será retornada informando o(s) servidor(es) correspondentes. O comando que retorna domínios a partir de um endereço IP é o "nslookup". Ver tracert.

POP (Post Office Protocol)
O protocolo de correio é encarregado de transferir as mensagens eletrônicas que se encontram no servidor de correio eletrônico (download de e-mail). É configurado em programas cliente responsáveis pela administração de correio eletrônico como: Outlook, Thunderbird e outros.

POSIX (Portable Operating System Interface)
O nome foi dado por Richard Stallman em resposta a um pedido da IEEE (Instituto de Engenharia Elétrica e Eletrônica). A Interface Portável entre Sistemas Operacionais é um conjunto de normas definidas pelo IEEE e designada formalmente por IEEE 1003, que tem como objetivo garantir a portabilidade do código-fonte de um programa a partir de um sistema operacional compatível às normas POSIX permitindo que regras atuem como uma interface entre sistemas operacionais distintos.

PPP (Point to Point Protocol)
Trata-se do protocolo de redes que cuida do tráfego entre um usuário doméstico e um provedor de serviços da Internet. Ponto-a-ponto é também uma forma de fazer referência às redes que trabalham sem o controle de servidores, onde cada micro tem acesso aos arquivos de outros computadores contrapondo-se às redes denominadas hierárquicas (com servidores). O protocolo PPP atua na camada de enlace (segunda) do modelo OSI, também conhecida como camada de ligação.

PPPoA (Point to Point Protocol Over ATM)
Adaptação do PPP para funcionar em redes ATM.

PPPoE (Point to Point Protocol Over Ethernet)
Protocolo ponto a ponto pela Ethernet é a conexão de computadores em uma rede Ethernet para que acessem a Internet através de uma conexão de banda larga como por exemplo a DSL.

PPTP (Point-to-Point Tunneling Protocol)
É o protocolo da camada de enlace que permite a transferência de dados segura entre computadores de uma rede virtual privada (VPN – Virtual Private Network).

Proxy
São máquinas com ligações tipicamente superiores às máquinas clientes e com poder de armazenamento elevado. Devemos salientar que, utilizando um proxy, o endereço que fica

registado nos servidores é o do próprio proxy e não o do cliente. Por exemplo, no caso de um HTTP Caching Proxy (ou Proxy HTTP), o cliente requisita um documento na World Wide Web e o proxy procura pelo documento em seu cache (disco), quando encontrado, o documento é retornado imediatamente, do contrário, o proxy busca o documento no servidor remoto, entrega-o ao cliente e salva uma cópia no seu cache. Caso um outro cliente requisite o mesmo documento, o proxy já o terá no cache e rapidamente enviará ao cliente. É também no proxy que normalmente se instala o firewall que protege a rede interna da externa.

Processo
Um processo é criado pelo sistema operacional e pode conter informações vinculadas aos recursos de um determinado programa. Um processo pode conter vários threads que utilizam recursos do processo e são executados na mesma área de endereçamento. Vários threads formam vários pontos de execução. Ver Thread.

QoS (Quality of Service)
Em redes de comutação de circuitos, refere-se à probabilidade de sucesso em estabelecer uma ligação a um destino. Em redes de comutação de pacotes refere-se à garantia de largura de banda ou, como em muitos casos, é utilizada informalmente para referir a probabilidade de um pacote circular entre dois pontos de rede.

RADIUS (Remote Authentication Dial-In User Service)
Um sistema de conta e autenticação usado por provedores. Quando você disca para um ISP você deve entrar com um nome de usuário e senha, esta informação é passada para um servidor RADIUS, que confere os dados e autorizará ou não o seu acesso.

RAN (Regional Area Network)
Rede de alta velocidade que interconecta empresas, residências e governos em uma região geográfica específica. RAN's são maiores que LAN's e MAN's.

RFC (Request for Comments)
Requerimento para Comentários é como chamamos o conjunto de padrões que descreve o funcionamento dos protocolos de Internet. Este documento é organizado pela IETF (Internet Engineering Task Force) uma comunidade de fabricantes e pesquisadores que visam soluções para internet. Cada padrão recebe um número código que pode ser consultado pelo endereço: http://www.ietf.org/rfc.html - O regulamento da IETF é descrito sob o código "RFC 3160".

RIP (Routing Information Protocol)
O Protocolo de Informação de Roteamento especifica como os roteadores trocarão informações da tabela de roteamento. Graças a ele, os roteadores trocam as tabelas inteiras periodicamente. Ver BGP.

Roteador (Router)

Dispositivo da camada de rede que encaminha os pacotes baseado-se nos endereços IP. Um roteador procura na "tabela de roteamento", a melhor rota para encaminhar os pacotes até o computador destino interconectando redes distintas.

RSVP (Resource Reservation Protocol)

O Protocolo de Reserva de Recursos é usado para fornecer qualidade de serviço de transferência de dados em rede, pois este protocolo reserva uma parte na banda antes da transferência do pacote. Este procedimento serve para assegurar a disponibilidade do serviço. (Camada de transporte).

RTCP (Real-Time Control Protocol)

A função preliminar do Protocolo de Controle de Tempo Real é fornecer resultados quanto à qualidade do serviço que está sendo fornecido pelo protocolo RTP. O RTCP utiliza o UDP como protocolo de transporte.

RTP (Real Time Protocol)

É um protocolo que utiliza UDP para atuar em situações de tempo real, por exemplo, Voz sobre IP (VOIP). O RTP define como deve ser feita a fragmentação do fluxo de dados, adicionando a cada fragmento a informação de sequência e de tempo de entrega. O controle é realizado pelo protocolo RTCP. Os protocolos RTP e RTCP utilizam o UDP como protocolo de transporte, o qual não oferece qualquer garantia na entrega de pacotes.

RUDP (Reliable User Datagram Protocol)

O protocolo fidedigno de datagrama do usuário atua em casos onde o UDP é precário devido à necessidade de entrega ordenada de dados, mas que ao mesmo tempo não exijam tanta complexidade e confiabilidade do protocolo TCP.

SCAM

Fraudes direcionadas a ganhos financeiros. Diferente do Phishing, o Scam oferece um serviço ao usuário, que por sua vez terá de pagá-lo, mas nunca receberá o serviço. Ver Phishing.

SCSI (Small Computer System Interface)

Interface controladora usada principalmente quando se necessita de mais velocidade na troca de dados, por exemplo, no caso de discos rígidos de alta capacidade utilizados em servidores de arquivos ou para conectar scanners de alta resolução. Placas SCSI são também utilizadas para a adaptação de Tapestreamers e drivers de CD e DVD. Dispositivos SCSI são normalmente mais caros. Ver IDE.

SCTP (Stream Control Transmission Protocol)

É o protocolo de controle de transmissão de fluxo. Como é um protocolo da camada de transporte, tem funções parecidas com a dos protocolos TCP e o UDP, porém com mais similaridade ao TCP oferecendo confiança no transporte e controle de congestionamento de dados. As mensagens SCTP são entregues na ordem em que são transmitidas dentro do fluxo.

SDP (Session Description Protocol)

É utilizado para descrever sessões multimídia onde aplicações de comunicação que fazem uso de multimídia podem trocar informações dentro das suas capacidades de processamento.

SSH (Secure Shell)

Protocolo da família TCP/IP da camada de aplicação usado para conexão remota que possui as mesmas características do TELNET, porém, com a vantagem de usar criptografia entre cliente e servidor de acesso remoto através do sistema de tunelamento (tunnelling). O SSH protege a troca de informações que transitam além de proteger de sequestros e ataques do tipo IP Spoofing, IP Source Routing, e DNS Spoofing. Ver TELNET.

Segment

Divisão da rede formada por bridges ou switches. Dividir uma rede Ethernet em múltiplos segmentos é um modo comum de aumentar a velocidade de banda.

SIP (Session Initiation Protocol)

Mais moderno que o padrão H323, o protocolo de iniciação de sessão foi desenvolvido pela IETF (publicado sob o código RFC 3261) para estabelecer comunicação interativa (chamadas). Criado sob os moldes de outros protocolos como HTTP e SMTP, o SIP roda na camada de aplicação e faz uso do protocolo SDP (também de aplicação). Por respeitar o formato MIME, o protocolo SIP suporta todos os tipos de anexos identificando usuários assim: "sip:wagnerbarros@proxy.wagnerbarros.com", porém ao contrário de um e-mail o SIP funciona de forma dinâmica dirigindo a informação para a localização atual de um usuário remoto. O agente de usuário SIP (software ou hardware) é intermediado por servidores proxys SIP e gateways SIP. O Windows Messenger é um exemplo de agente de usuário SIP que faz uso de VOIP, chat, vídeo e troca de arquivos.

Single Mode Fiber Cable (Monomodo)

Fibra com diâmetro relativamente limitado, através do qual apenas um modo de transmissão será propagado. Transmite maior banda que a fibra multimodo.

SLIP (Serial Line Internet Protocol)

Usado para executar o protocolo IP em conexões telefônicas. O SLIP permite estabelecer uma conexão direta, porém temporária, com a Internet.

SMS (Short Message Service)

Serviço de mensagem curta conhecido como "torpedo" que permite de 140 a 160 caracteres de texto e que está disponível em aparelhos celulares.

SMTP (Simple Mail Transfer Protocol)
Protocolo de transferência de correio simples. Permite enviar mensagens de um computador remetente para um de destino.

SNMP (Simple Network Management Protocol)
O protocolo de gestão simples possibilita gerir a performance da rede, encontrar e resolver problemas e acumular dados estatísticos sobre o comportamento e o tráfego dos componentes. O SNMP utiliza MIB (Management Information Base), que é a base de dados do protocolo. O SNMP pertence à camada de aplicação e utiliza UDP para funcionar. Em vez de acumular comandos complexos, o SNMP trabalha com duas operações principais:
- Fetch: Para obter um valor de dispositivo na rede;
- Store: Para armazenar um valor de dispositivo na rede.

Snooping
Técnica que consiste na verificação de pacotes de rede para obtenção de informações.

SNTP (Simple Network Time Protocol)
Este protocolo mantém o relógio dos computadores de uma rede atualizado a partir do acesso a servidores SNTP espalhados pelo mundo. Para ajuste e sincronismo do horário, basta executar o comando "net time" em uma janela DOS especificando o servidor desejado. Uma lista de servidores de horário pode ser encontrada na página da RNP (Rede Nacional de Ensino e Pesquisa). Ver NTP.

Software Livre
De acordo com a Free Software Foundation (Fundação do Software Livre) http://www.fsf.org – trata-se de qualquer programa de computador que obedece a alguns princípios básicos: poder ser usado e estudado, copiado, modificado e distribuído. Erradamente um software livre é constantemente confundido com "software gratuito", pois na verdade pode ser vendido. O software gratuito é aquele que pode ser usado sem que se pague nada por ele. Dividem-se em dois grupo: freeware e shareware. O freeware é um software distribuído livre de encargos relacionados à licença de distribuição. O shareware tem algumas limitações do tipo período de teste por tempo determinado. A confusão sobre liberdade e gratuidade está na palavra "livre" no lugar de "aberto" (correspondente à Open Source Software). A característica indispensável do software livre é que o acesso ao seu código fonte deve ser totalmente liberado. A Microsoft também mantém um projeto de código fonte aberto para parceiros comerciais e desenvolvedores. Acesse: http://www.microsoft.com/resources/sharedsource/default.mspx

SPAM (Stupid People Annoying Me)
Mensagens de e-mail que promovem a venda de produtos e serviços além de pedir colaboração financeira para instituições carentes ou em nome de crianças necessitadas. Há também os spams de correntes e pirâmides onde o remetente solicita o depósito de determinada

quantia em sua conta. Alguns spams são do tipo phishing e podem conter malware. Em geral, spam é qualquer correspondência não solicitada pelo usuário. A pessoa que envia spam é chamada de spammer.

Spanning Tree
Processo usado para eliminar rotas de dados redundantes e aumentar a eficiência da rede.

Spooler
É um programa que recebe os dados a serem impressos de um aplicativo tornando-se responsável pelo serviço de impressão em segundo plano. O uso do Spooler pelo sistema operacional libera o aplicativo para outras tarefas. Gerenciador de impressão.

SSL (Secure Sockets Layer)
Tecnologia que provê autenticação que opera com criptografia assimétrica e simétrica. O SSL funciona com certificado e assinaturas digitais (camada de apresentação). Caso os dados sejam interceptados, não será possível lê-los em razão de estarem criptografados. Quando uma página opera em segurança é possível notar no navegador uma chave inteira (Netscape) ou um cadeado fechado (IE), do contrário, a chave aparece quebrada e o cadeado aberto. A versão ainda mais usada deste protocolo é a v2, porém existe a v3 que pede senha para certificação de segurança emitida por uma CA (Certification Authority).

STP (cabeamento com blindagem)
Shielded Twisted Pair - Sistema de cabeamento que possui uma blindagem interna envolvendo cada par trançado que compõe o cabo, cujo objetivo é reduzir a diafonia. Um cabo STP geralmente possui 2 pares trançados blindados, uma impedância característica de 150 Ohms e pode alcançar uma largura de banda de 300 MHz em 100 metros de cabo. Ver UTP e FTP.

Switch
Um dispositivo que filtra e encaminha pacotes entre os computadores na rede local. Muito parecido com a bridge, porém, possuindo um número maior de portas o que permite unir mais segmentos de rede do que esta última. Ver bridge e hub.

Syn Flooding
Tipo de ataque DoS na qual o atacante envia uma sequência de requisições para um sistema-alvo. Isto pode ocupar recursos no servidor ou causar prejuízos para empresas usando softwares licenciados por conexão. Pode ser possível ocupar todos os recursos da máquina impedindo que outras conexões possam ser feitas, resultando em negação de serviço. Alguns servidores podem funcionar mal ou até mesmo travar se ficarem sem recursos desta maneira.

TCP/IP (Transmission Control Protocol/Internet Protocol)
Conjunto de protocolos de comunicação usados para conectar hosts (computadores

da rede). Funciona baseado em endereços IP e desta forma permite que computadores enviem e recebam dados. TCP/IP é na verdade uma "família" ou grupo de protocolos (FTP; SMTP; POP; http; UDP; DHCP; etc.).

Telnet

Protocolo do conjunto TCP/IP que fornece a função de emulação de terminal. Fazendo uso de TELNET, um usuário pode acessar um computador remoto de forma que nele sejam executados os comandos que o usuário está aplicando pelo computador cliente. Este protocolo não oferece qualquer segurança, o que significa que as informações trafegam completamente expostas. Ver SSH.

TFTP (Trivial File Transfer Protocol)

Protocolo de implementação simples que utiliza UDP como transporte e não requer autenticação. Funciona basicamente para troca de pequenos arquivos entre servidores e por isso é um protocolo menor do que o FTP. Ver FTP.

Thoroughput

É a taxa de transferência de dados de um disco ou rede. Unidade de medida em bps.

TLS (Transparent LAN Service)

Serviço de comunicação de companhias telefônicas usados para interligar (enlace) LANs remotas.

TLS (Transport Layer Security)

Permite aplicações cliente-servidor de forma a garantir a autenticação, integridade e a confidencialidade. Previne escuta de conversas, modificação de mensagens e cópia ilegal de dados. Os protocolos TLS e SSL são denominados protocolos híbridos, pois utilizam algoritmos simétricos e assimétricos. Ver SSL, Kerberos e NTLM.

Token Ring

Protocolo e topologia de rede que funciona com um grupo de três bytes (token) que circula entre as máquinas conectadas. Desta forma o testemunho, como também é chamado, permite o envio de dados ao computador que o detiver. Em uma rede Token Ring não há possibilidade de colisões como as que ocorrem em uma rede Ethernet, uma vez que Hubs Token Ring (MAU – Multistation Access Unit) enviam dados para o próximo computador do anel até que cheguem ao destino.

Topologia

Esquema físico de rede. Os exemplos mais básicos são: Anel, Barramento, Malha e Estrela.

Tracert

Ferramenta (comando) que rastreia uma rota para informar o caminho que pacotes atravessam por uma rede de computadores até chegar ao destinatário. O tracert exibe um relatório de latência, o que ajuda a detectar onde está ocorrendo congestionamentos na rede. O tracert corresponde a Traceroute no Linux.

Thread

Um thread é uma sequência de instruções que serão executadas em um processo. Um processo pode ser dividido em rotinas que podem ser executadas simultaneamente. O sistema operacional pode oferecer o suporte necessário para controlar as threads (KLT = Kernel-Level Thread) ou implementada pelo usuário através de programação (ULT = User-Level Thread). Ver Processo.

TTL (Time To Live)

O mesmo que "Tempo de Vida" de um datagrama (ou pacote de rede). Um datagrama possui vários campos e um deles é o TTL, que recebe um valor numérico (no máximo até 255) e que de acordo com a sua trajetória, perderá um ponto quando passar por um gateway. Quando o TTL alcança o valor zero, o datagrama "morre" e uma mensagem de erro é gerada para o usuário através do protocolo ICMP. O TTL é a forma de impedir que datagramas circulem infinitamente pela rede.

Uart (Universal Asynchronous Receiver/Transmitter)

Chip controlador que transforma em serial a saída paralela do barramento do computador. A maioria dos chips UART possui um buffer embutido entre 16 e 64 kilobytes para fazer cache dos dados do barramento do sistema ao mesmo tempo em que processa dados que seguirão para a porta serial.

Uplink

Conexão de um dispositivo para outro. É no encaixe "UpLink" de um hub que pode-se conectar por exemplo o cabo de um switch ou de um roteador.

UDP (User Datagram Protocol)

Um dos protocolos da família TCP, mas este não se responsabiliza pela entrega de dados (não é orientado à conexão), é normalmente usado para áudio e vídeo pela rede. O UDP é destinado a aplicações diretas do tipo cliente-servidor, que não exigem controle nem "zelo" pela sequência das mensagens. Para o UDP é mais importante a entrega imediata do que a entrega precisa.

Unicast

Pacote destinado para somente um endereço. Ver multicast.

Unicode

Sistema de caracteres que utiliza dois bytes (16 bits) para formar seus 65.536 símbolos incluindo caracteres japoneses, chineses, árabes e outros... Ver ASCII.

URL (Uniform Resource Locator)

Meio pelo qual acessamos a informação em rede TCP/IP. Combina um protocolo com um endereço de internet que pode ser em forma de nome (usando domínio, subdomínio e pastas) ou IP (números).

Exemplo1: http://www.brasil.gov.br - Exemplo2: ftp://63.161.69.137

UTP (cabeamento sem blindagem)

Unshielded Twisted Pair - Cabeamento com fios que são trançados uns aos outros isolando os individuais. É composto por pares de fios sendo que cada par é isolado um do outro e todos são trançados juntos dentro de uma cobertura externa. Não havendo blindagem física interna, sua proteção é encontrada através do "efeito de cancelamento", onde mutuamente reduz a interferência eletromagnética de radiofrequência. Ver STP e FTP.

VDSL (Very High Speed Digital Subscriber Line)

Linha digital de assinante que transmite dados de 10 Mbps a 55Mbps sobre curtas distâncias, normalmente entre 330m e 1980m.

VID (VLAN Identifier)

Um número que identifica uma VLAN específica.

VLAN (Virtual LAN)

Uma rede virtual pode ser definida como uma subdivisão de uma rede LAN em segmentos distintos controlados normalmente por um switch (layer 3) permitindo que administradores de rede organizem o funcionamento e a comunicação destas máquinas a um switch sem a necessidade de reorganizá-las fisicamente a concentradores separados. Uma VLAN também pode ser uma rede criada apenas de forma lógica por softwares específicos que criam virtualmente vários computadores dentro de um único computador de verdade. O VM (Virtual Machine) é um exemplo deste tipo de software.

VPN (Virtual Private Network)

Uma rede privada configurada dentro de uma rede pública. Permite unir dois pontos através de um sistema de tunelamento (tunneling) capaz de impedir a violação dos dados trafegados. Utiliza criptografia nas duas extremidades. Ver protocolo PPTP.

WAN (Wide Area Network)

Uma rede que utiliza tecnologias de telecomunicação para conectar computadores em longas distâncias.

WAP (Wireless Application Protocol)
O protocolo de aplicação sem fio foi desenvolvido para que dispositivos portáteis como PDAs e telefones celulares (dispositivos móveis) pudessem se conectar à Internet. Atualmente o sistema oferece suporte HTML que permite o download de arquivos e uso de browsers específicos. A linguagem nativa do WAP é o WML (Wireless Markup Language) o mesmo que Linguagem de Marcação para Wireless (sem fio) para dispositivos portáteis. Suas funções específicas para telefonia seguem os padrões XML. Seu desenvolvimento deveu-se ao grupo WAP Forum, hoje OMA (Open Mobile Alliance), que atua para o desenvolvimento de serviços de dados sem fio.

WDM (Wavelength Division Multiplexing)
Um tipo de multiplexador desenvolvido para ser usado sobre fibra ótica. WDM modula cada corrente de dados dentro de uma parte diferente de espectro de luz.

Web Hosting
Localizador de sites de clientes em um web server comercial proprietário. Um único servidor pode suportar milhares de pequenos web sites, enquanto que grandes web sites usam um servidor dedicado ou múltiplos servidores.

WEP (Wired Equivalent Privacy)
Significa "equivalente à privacidade de telégrafo". É parte do padrão IEEE 802.11 e foi desenvolvido para proteger redes Wi-Fi. Ver WPA.

Whois (Quem é)
Protocolo que utiliza UDP para consultar informações sobre domínios, redes, hosts e pessoas em um banco de dados, exibindo o nome da empresa, endereço, número de telefone e endereço de e-mail. É mantido pela Internet Registration Service (InterNIC).

Widget
Termo que designa componentes da GUI. Qualquer item de interface como: janelas, botões, menus, itens de menus, ícones, barras de rolagem, etc. – Ex: "A widget janela pertence à GUI do Sistema." Ver GUI.

WINS (Windows Internet Naming Service)
Sistema que determina o endereço IP associado à um computador particular na rede.

Wire Speed
Taxa máxima que os pacotes podem transmitir e receber em uma interface de rede.

Workgroup
Coleção de computadores que são agrupados para compartilhar recursos tais como dados e periféricos.

WPA (Wi-Fi Protected Access)
Criado em 2003 pelos grupos IEEE e Wi-Fi para aumentar a segurança e superar as deficiências do WEP. Pode ser instalado em redes que já tenham WEP e para migrar basta realizar a atualização. Por este motivo é conhecido como WEP2 ou WEP melhorado.

WWW (World Wide Web)
Rede (teia) de extensão Mundial. Consiste na rede que disponibiliza um grande volume de informações na Internet como fotos, animações, arquivos de áudio, vídeos e textos através de links contidos nas páginas HTML (hipertexto) e que são acessíveis por navegador (browser). WWW2, WWW3, WWW4 etc.. Forma usada pelas empresas de hospedagem que permite diferenciar os sites dos clientes. Exemplo: www2.wagnerbarros.com possui um conteúdo diferenciado de www.wagnerbarros.com. Pode ser chamado também de subdomínio.

X.25
No Brasil, as redes X.25 são administradas e operadas por empresas de telefonia (operadoras de telecomunicações). Este serviço vem perdendo espaço para novos sistemas de interligação como a DSL, por exemplo. É também o nome do protocolo que se responsabiliza pela interpretação de uma onda modulada recebida e fará a demodulação do sinal separando o cabeçalho do restante do pacote. Quando uma informação entra na interface de rede esse é o primeiro protocolo a ser acionado.

Zumbi
Um computador zumbi é um equipamento infectado por rotinas maliciosas (como vermes) que o fazem trabalhar para alguém remotamente. Uma pessoa mal-intencionada pode fazer uso desta técnica para espalhar spams aos contatos cadastrados nos computadores das vítimas fazendo com que os destinatários acreditem terem recebido mensagens de pessoas conhecidas.

www.ingramcontent.com/pod-product-compliance
Lightning Source LLC
LaVergne TN
LVHW051709050326
832903LV00032B/4096